क्या सुनाएँ हाले-दिल

(हफ़ीज़ बनारसी की ग़ज़लें देवनागरी लिपि के पाठकों के लिए)

'हफ़ीज़' बनारसी

संकलन और अनुवाद

डॉ.ओबैदुर रहमान

प्रस्तुति

रमेश 'कँवल'

Anybook

Published By

Anybook

Cell : 9971698930

E-mail : contactanybook@gmail.com

Website : www.anybookpublications.com

Price in India : 225/- INR

First published by Anybook in 2023

Printed and bound in India

Cover Design by Anybook

Typesetting by Mohammad Ikram

Presented by Bazme-Hafeez Banarasi, Patna

ISBN : 978-93-91571-51-1

समर्पण

देवनागरी लिपि में
ग़ज़लो का रसास्वादन करने वाले
ग़ज़ल प्रेमियों के नाम

सहला ओबैद

हफ़ीज़ बनारसी : एक परिचय

नाम : मुहम्मद अब्दुल हफ़ीज़
उपनाम/तख़ल्लुस : हफ़ीज़
अवतरण (जन्म तिथि) : 20 मई, 1933
अवतरण स्थल (जन्म स्थान) : मदनपुरा, बनारस
अवसान (मृत्यु) : सोमवार, 16 जून, 2008 सुबह 7 बजे
अवसान स्थल : मुहल्ला बाज़ार सदानंद, मदनपुरा, बनारस
शरीक-ए-हयात : श्रीमती सालेहा ख़ातून (मरहूमा)

संतान (औलाद) :

1. नाम : डॉ. अख्तर मसूद
   प्रोफ़ेशन : चिकित्सक
   शौक़ : शायरी, अफ़सानानिगारी, समाज सेवा
   शरीक-ए-ज़िन्दगी : मोहतरमा डॉ. अतिया बानो
   प्रोफ़ेशन : चिकित्सक

2 नाम : ज़फ़र महमूद ज़फ़र
   प्रोफ़ेशन : सीनियर टेक्निकल ऑफ़िसर, ग्रीन क्रिसेंट हॉस्पिटल, रियाद, सऊदी अरब
   शौक़ : शायरी
   शरीक-ए-ज़िन्दगी : मोहतरमा रिज़वाना नसरीन
   प्रोफ़ेशन : शिक्षक

3 नाम : डॉ. अब्दुर रहमान
   प्रोफ़ेशन : चिकित्सक, बनारस
   शरीक-ए-ज़िन्दगी : मोहतरमा फ़ातिमा नाहीद
   प्रोफ़ेशन : शिक्षक

4 नाम : डॉ.अब्दुल क़ादिर

प्रोफ़ेशन : सहायक प्रोफ़ेसर, मानव संसाधन विभाग, जयपुरिया इंस्टिट्यूट ऑफ़ मैनेजमेंट, नोयडा

शरीक-ए-ज़िन्दगी : सना अफ़ज़ाल, एम.एस.सी. (न्यूट्रिशनल साइंस)

प्रोफ़ेशन : Nutritionist

5 नाम : मोहतरमा सहला ओबैद, एम.ए, गृहणी

पति : स्व. डॉ. उबैदुर रहमान

प्रोफ़ेशन : वैज्ञानिक, शायर, अदीब

(इंडियन फ़ार्मिंग, कृषि महाविद्यालय, पूसा से सम्बद्ध)

6 नाम : डॉ. साजदा सानी

प्रोफ़ेशन : चिकित्सक, इलाहबाद

पति : डॉ. नूरुद्दीन

प्रोफ़ेशन : चिकित्सक

अदबी ख़िदमात : गुलदस्ता -ए-दुआ : 1968

दरख़्शाँ (ग़ज़लें,नज्में, क़तआत) :1969

बादा-ए-इर्फ़ां (हमदिया-व-नातिया कलाम) : 1974

क़ौल ओ क़सम (क़ौमी और वतनी नज़्में) : 1975

बंदा -ए-मोमिन : 1981

ग़ज़ालाँ (ग़ज़लें) : 1984

क़सीदा-ए-नबी-ए-रहमत : 1993

जलवा -ए- ईमाँ (हमदिया-व-नातिया कलाम) : ज़ेरे-तरतीब

फ़रमान-ए-मुस्तफ़ा (अहादीस-ए-नब्वी का रुबाइयात में तर्जुमाँ) ज़ेरे-तरतीब

संकलन : रमेश कँवल

आधुनिकता को परंपरा का लिबास पहनाने वाला शायर *हफ़ीज़ बनारसी*

अंग्रेज़ी का ज्ञान बाँटने वाले उर्दू के बेहतरीन शायरों का जब ज़िक्र होता है तो ***पं. रघुपति सहाय 'फ़िराक़' गोरखपुरी*** के बाद ***हफ़ीज़ बनारसी*** का नाम बड़े ही मान-सम्मान के साथ लिया जाता है। आपका जन्म गंगा के रमणीक तट पर बसे हिन्दुओं के पवित्र शहर बनारस के मदनपुरा मुहल्ला में 20 मई, 1933 को एक व्यवसायी परिवार में हुआ था। आपके यहाँ बनारसी साड़ियों और कपड़ों का कारोबार बड़े पैमाने पर होता था। लेकिन आपके घर और मुहल्ला का माहौल दीनी और मज़हबी था। हाजी अब्दुल अज़ीज़ के पुत्र अलहाज कारी अब्दुल क़यूम के चौथे पुत्र के रूप में ***मोहम्मद अब्दुल हफ़ीज़*** का जन्म हुआ। अपने वालिद के दीनी और धार्मिक संस्कारों की छाप हफ़ीज़ पर बचपन के 12 वर्षों (पिता के स्वर्गवास) तक निरंतर पड़ती रही। उनके घर पर आज़ादी की लड़ाई से जुड़े लोगों का गोपनीय जमावड़ा लगता रहता था जिस से वे देश-प्रेम और राष्ट्रीयता की भावना से ओत-प्रोत होते रहे। देश और देश प्रेम का जोश और उन्माद उनकी देशभक्ति की रचनाओं के संकलन क़ौलो-क़स्म में उजागर होता है। आप की रूचि शुरू से ही व्यवसाय में कम शिक्षा में ज़्यादा थी। जामिया इस्लामिया और मदरसा रहमानिया से उर्दू और फ़ारसी की बुनियादी तालीम के बाद आपने जय नारायण स्कूल, बनारस, यू.पी.बोर्ड से हाई स्कूल (1949), गवर्नमेंट क़ुईन्स कॉलेज से आई.ए. (अरबी के साथ), बनारस हिन्दू यूनिवर्सिटी से बी.ए. (1953), अंग्रेज़ी में एम.ए.(1955) और बी.एड.(1956) की शिक्षा दीक्षा प्राप्त कर कुछ दिनों के लिए मुस्लिम कॉलेज, मऊ नाथ भंजन और अगस्त 1957 में महाराजा कॉलेज, आरा में लेक्चरर बन गए। आरा ही उनका वतन-ए-सानी रहा जहाँ से वे वर्ष 1995 में अंग्रेज़ी के विभागाध्यक्ष की हैसियत से सेवा निवृत हुए। सेवानिवृति के बाद वे बनारस में रहने लगे जहाँ 16 जून, 2008 को चलते फिरते उनका निधन हुआ।

विद्यार्थी जीवन से ही उनकी रचनाएँ विभिन्न पत्र पत्रिकाओं में छपने लगीं। रोज़नामा क़ौमी आवाज़, लखनऊ, रोज़नामा अलजमीयत, दिल्ली, रियासत देहली (संपादक : *दीवान सिंह मफ़तूं*), माहनामा कारवाँ (संपादक : *प्रो.एजाज़ हुसैन*, अध्यक्ष उर्दू विभाग, इलाहाबाद यूनिवर्सिटी) में वे प्रकाशित होते रहे।

1953 में आजकल (संपादक : *शब्बीर हसन जोश मलीहाबादी*) के शेरो-शायरी अंक में, जिसमें हिंदुस्तान की 14 भाषाओं की चुनिन्दा रचनाएँ शामिल थीं,

हफ़ीज़ बनारसी की ग़ज़ल प्रकाशित हुई।

देश की आज़ादी के साल जब वे हाई स्कूल के विद्यार्थी थे उन्होंने बज़्मे-अदब, बनारस के मुशायरे में अपनी ग़ज़ल सुनाई थी। फिर तो वे मुशायरों के मक़बूल शायर हो गए। अपनी दिलकश आवाज़ और दिल को छू लेने वाली शायरी के बदौलत उन्हें मुल्क के सभी कामयाब मुशायरों में बुलाया जाने लगा। उनकी शोहरत की धूप शारजाह, दुबई, जद्दा, सऊदी अरब, पाकिस्तान एवं उर्दू अदब से आशना अन्य मुल्कों के मुशायरों तक पहुँच गयी। HMV ने उनकी ग़ज़लों की रिकार्डिंग की। you tube पर उनके मुशायरों में ग़ज़लसरा होने के विडियो आज भी महफ़ूज़ हैं।

आरा उनके लिए वतने-सानी (दूसरा घर) बन चुका था। आरा के अदीबों और अदब शनास लोगों का ज़िक्र उन्होंने ख़ूबसूरत अंदाज़ में किया है : *नुसरत आरवी, मौलाना मेहदी बुखारी, मौलाना अज़ीज़ अहमद वकील, मौलाना अब्दुल वहाब आरवी, हज़रत शाह क़तील दानापुरी, शाह फ़ज़ल इमाम वाक़िफ़, गुलाम फख़रुद्दीन शाद* से उनके मरासिम (सम्बन्ध) थे और इन लोगों ने उन्हें मुतास्सिर(प्रभावित) किया है।

हफ़ीज़ बनारसी के हमउम्र हसन आरज़ू, साबिर आरवी, शुएब राही, और ज़हीर नाशाद सुख़नवर रहे। उनसे 3-4 साल पहले धरती पर आने वाले शायरों में मशहूर ओ मारुफ़ नाम अलक़मा शिबली, मज़हर इमाम और वहाब दानिश के रहे। नज़ीर बनारसी से उनके बड़े अच्छे मरासिम रहे। अपने शहरे-विलादत और दोस्तों के नाम का ज़िक्र उन्होंने अपनी रचनाओं में यूँ किया है :

परवरदा-ए-फ़िज़ा-ए-बनारस हूँ मैं हफ़ीज़
मेरी ज़ुबाँ में चाशनी-ए-आब-ए-गंग है
उसी का नाम बनारस है, शहर काशी है
जहाँ हफ़ीज़ का घर है, नज़ीर रहते हैं
सभी से मिलता है और ख़ुशदिली के साथ यहाँ
एजाज़ शख़्स हफ़ीज़-ए-बनारसी है मियाँ

11 जनवरी 1960 को उनकी शादी मोहतरमा ***सालेहा ख़ातून*** से हुई। मारुफ़ फ़नकार डॉ.अलीम मसरूर ने उनकी शादी का सेहरा लिखा जिसका ज़िक्र डॉ.अमृत लाल इशरत ने अपने प्रमुख शोधपरक पुस्तक '**सिलसिला-ए-मुसहफ़ी के**

सुख़नवराने-बनारस' में किया है। लीजिए सेहरा का एक बंद पेश है :

तलब की वुसअते तमाम आज इक नज़र में है
ख़याल का हसीं समाँ वजूदे-मोतबर में है
मुहब्बत आज ज़िन्दगी की ऐसी रहगुज़र में है
जहाँ ये मंज़िल-ए-वफ़ा लिबास-ए-हमसफ़र में है
रुके तो है बहिश्ते-आरज़ू इसी मक़ाम पर
बढ़े क़दम तो जन्नत-ए-वफ़ा है गाम-गाम पर

हफ़ीज़ बनारसी ने भी अपने पहले मजमूआ (काव्य संकलन) दरख़्शाँ में अपनी जीवन संगिनी के नाम 11 बंद की नज़्म 'इब्तदा-ए-सफ़र' लिखी है।

हफ़ीज़ बनारसी के उस्ताद जनाब मुस्लिम उल हरीरी थे जिनका इंतक़ाल 15 फ़रवरी 1983 को हुआ।

अदबी ख़िदमात :

किताब का नाम	प्रकाशन का साल
गुलदस्ता-ए-दुआ	1968
दरख़्शाँ (ग़ज़लें, नज़्में, क़तआत)	1969
बादा-ए-इरफ़ाँ (हम्द-ओ-नात)	1974
क़ौल-ओ-क़सम (क़ौमी और वतनी नज़्में)	1975
बंदा-ए-मोमिन	1981
ग़ज़ालाँ (ग़ज़लें)	1984
क़सीदा-ए-नबी-ए-रहमत	1993
सफ़ीर-ए-शहर-ए-दिल (ग़ज़लों, नज़्मों का कुल्लियात)	2007

इनआम और सम्मान

1	दरख़्शाँ पर बिहार उर्दू अकादमी, पटना का ईनाम	1971
2	पत्नी और माँ के साथ हज पर	1974
3	क़ौलो-क़सम पर उत्तर प्रदेश और पश्चिम बंगाल उर्दू अकादमी का इनाम	1975

4 आल इंडिया मीर अकादमी, लखनऊ की तरफ़ से 'इम्तियाज़-ए-मीर' 'अवार्ड' 1981

5 ग़ज़ालाँ पर बिहार उर्दू अकादमी, पटना का ईनाम 1986

6 इंडियन सोशल कल्चरल एँड लिटरेरी आर्गेनाईज़ेशन कोलकाता की तरफ़ से ISCLO अवार्ड 1986

7 मिल्लत सोसाइटी बनारस की तरफ़ से 'शाने-मिल्लत अवार्ड' 1997

8 बनारस का 'काशी रत्न' अवार्ड 2000

9 मदर हलीमा फ़ाउंडेशन बनारस की तरफ़ से 'निगार-ए-बनारस' अवार्ड 2003

नज़रे-हफ़ीज़ बनारसी

डॉ.(प्रो.) अब्दुल मन्नान तरज़ी

शायर जो इक बड़े हैं हफ़ीज़े बनारसी
पेशे-नज़र है आज मेरे उनकी शायरी

लेना है जायज़ा मुझे उनके कलाम का
आइना इक बनाना है फ़न्नी मुक़ाम का

दिल की ज़ुबाँ समझने को है दर्द लाज़िमी
उसके बग़ैर पूरा नहीं होता आदमी

दिल ही का दर्द इल्मो-अदब की है आबरू
फ़न इस से दूर जैसे इबादत है बेवज़ू

ख़ूने-जिगर से सोज़-ए-दरूँ का वजूद है
सोज़-ए-दरूँ के हाथ में हक़ की नमूद है

गर जायज़ा कलाम का लें इस असूल पर
हर शेर आगही का ख़ज़ाना है मोतबर

पहली किताब शेरे-दरख़्शाँ अगर है दी
फिर दूसरी है बादा-ए-इरफ़ाँ भी इक मिली

हुब्बे-वतनपेनज़्मोंकाक़ौल-ओ-क़समहैनाम
यकजहती बैन क़ौम का इस में हैं इल्त्ज़ाम

गुलदस्ता ए-दुआ तो नबी का क़सीदा भी
इक साहिरी-ए-फ़न है ग़ज़ालाँ की शायरी

यानी ग़ज़ल ने पायी है वह रिफ़अते-बयाँ
हर शेर मोतबर है तो हर नक्श कामरां

मख़सूस दिल की कैफ़ियत का नाम है ग़ज़ल
सहबा-ए-सद निशात ही का जाम है ग़ज़ल

दश्त-ए-जनूँ की रेत पर तहरीर है ग़ज़ल
गाह-ए हरीम-ए-शौक़ की तनवीर है ग़ज़ल

पाती है जिस से रौशनी तारीकिये हयात
पोशीदा हैं ग़ज़ल ही में ऐसी तजल्लियात

डॉ.अब्दुल मन्नान तरज़ी

फ़ेहरिस्त

❀

घर में है क्या जो चुरा ले जाएँगे
राहज़न मेरी दुआ ले जाएँगे

इक बुज़ुर्ग आए हैं मयख़ाने में आज
सारे पैमाने खंगाले जाएँगे

ज़िंदगी दम तोड़ती है जिस जगह
हम वहाँ आबे-बक़ा[1] ले जाएँगे

आप दस्ते-नाज़[2] को ज़हमत न दें
अपना लाशा हम उठा ले जाएँगे

तेज़तर झोंके हवा-ए-दर्द के
हर मसर्रत को उड़ा ले जाएँगे

मौत के रौशन फ़रिश्ते एक दिन
ज़ीस्त की मैली क़बा[3] ले जाएँगे

कौन है अब क़द्रदाँ उसका हफ़ीज़
हम कहाँ जिंसे-वफ़ा[4] ले जाएँगे

1.जीवन जल 2.गर्वीकर 3.पोशाक 4.निर्वाह जैसी वस्तु

न अरमाने-जुनूँ निकला न उन ज़ुल्फ़ों के ख़म निकले
हर इक आईनाख़ाने से परेशाँ हाल हम निकले

न रंगे-दिलबरी देखा न ख़ुशबू-ए-वफ़ा पाई
जिन्हें हम फूल समझे थे वो पत्थर के सनम निकले

कोई मुश्किल नहीं आसूदगी[1] का हाथ आ जाना
मगर पहले हमारे दिल से फ़िक्रे-बेशो-कम निकले

शिकस्ते-जाँ से बेपर्वा जो हर पत्थर से टकराए
वही शीशे निगाहे-शीशागर में मोहतरम निकले

बताएँगे ये तेरे कुश्तगाने-नाज़[2] दुनिया को
कि तेरे लुत्फ़ में भी कितने पहलू-ए-सितम निकले

बहुत आसाँ समझ रक्खा था हमने राहे-हस्ती को
मगर क्या कहिए इस रस्ते में कितने पेचो-ख़म निकले

हयाते-जाविदाँ[3] हासिल हफ़ीज़े[4]-ख़स्ताजाँ को हो
अगर उस जाने-रंगो-नूर के कूचे में दम निकले

1.सम्पन्नता 2.बधित 3.अमर जीवन 4.दुखी

❀

जफ़ा को लुत्फ़, तग़ाफ़ुल[1] को प्यार कहते हैं
सितमगरों[2] को भी हम ग़मगुसार[3] कहते हैं

महक उठे हैं दिलों में जराहतों[4] के गुलाब
यही वो फ़स्ल है जिसको बहार कहते हैं

सदा[5] पे कान, नज़र सू-ए-दर[6], जिगर लर्ज़ां[7]
अजीब शै है जिसे इंतिज़ार कहते हैं

हमारा दिल भी यहीं है, हमारा घर भी यहीं
मगर हमें वो ग़रीबुद्दयार[8] कहते हैं

जहाँपनाह[9] भी अब ढूँढ़ते हैं जाए पनाह
इसी को गर्दिशे-लैलो-नहार[10] कहते हैं

बहुत तवील[11] है उसकी जफ़ाओं का क़िस्सा
हम अहले-दिल तो बसद-इख़्तेसार[12] कहते हैं

बहारे-ख़ुल्द[13] भी उस का तवाफ़[14] करती है
वो सरज़मीन जिसे कूए-यार कहते हैं

1.उपेक्षा 2.अत्याचारी 3.दुख निवारक 4.आघात 5.आवाज़ 6.द्वार 7.प्रकंपित 8.प्रवासी 9.सम्राट 10.दिन रात का चक्र 11.दीर्घ 12.संक्षिप्त रूप से 13.स्वर्ग का बसंत 14.परिक्रमा

❀

सुब्ह तक उनसे बात होती है
हिज्र[1] की रात रात होती है

कितनी दिलकश हयात होती है
दिल की जब दिल से बात होती है

आप क्यों याद आने लगते हैं
ग़मज़दा जब हयात होती है

ज़िंदगी की अदाओं पर मत जा
ज़िंदगी बेसबात[1] होती है

रात का कोई ख़ास वक़्त नहीं
नींद जब आए रात होती है

इश्क़ की इक निगाहे-कैफ़-आगीं[2]
हासिले-काएनात[3] होती है

दिल की बाज़ी 'हफ़ीज़' क्या कहिए
जीत लो फिर भी मात होती है

1. बेचैन 2. उन्माद भरी नज़र 3.जगत का धन

❁

सुकूँ-परवर[1] कोई मंज़िल नहीं है
कहाँ अब कूचा-ए-क़ातिल नहीं है

वही है तीरगी क़ल्बो-नज़र की
चराग़ों का कोई हासिल नहीं है

मुसाफ़िर क्या बताए अपनी मंज़िल
मुसाफ़िर की कोई मंज़िल नहीं है

जो बर्सों रह चुका है जाने-महफ़िल
वही अब लाइक़े-महफ़िल नहीं है

मगर पहले कोई ख़ुद को तो पाले
तिरा मिलना बहुत मुश्किल नहीं है

तलातुम-आश्ना[2] है जो सफ़ीना
कहाँ उसके लिए साहिल नहीं है

ग़मे-माज़ी में रोते हैं 'हफ़ीज़' आप
ख़याले-हालो-मुस्तक़बिल नहीं है

1.सुख देने वाला 2.तरंग से परिचित

हम अहले-तलब[1] को उनकी नज़र क्या जानिए क्या दे जाए है
हर दर्द में लज़्ज़त मिलती है हर चोट मज़ा दे जाए है

पैमाने छलकने लगते हैं, दिल आप बहकने लगते हैं
पैग़ाम किसी की ज़ुल्फ़ों का सावन की घटा दे जाए है

इक बात बताना ऐ माली, क्यों दूर है दौरे-ख़ुशहाली
क्यों फ़स्ले-बहाराँ भी हमको ज़ख़्मों की क़बा दे जाए है

अरबाबे-जुनूँ का क़ौल नहीं खुद अहले-ख़िरद फ़रमाते हैं
दीवानों का हर इक नक़्शे-क़दम मंज़िल का पता दे जाए है

जो ज़हर पिलाया करती थी वो पेश करे है आबे-बक़ा
क़ातिल की नज़र भी अब हमको जीने की दुआ दे जाए है

है किसकी 'हफ़ीज़' आवाज़े-हज़ीं[2] उतरे है जो सीने के अंदर
दरवाज़-ए-दिल पर आख़िरे-शब ये कौन सदा दे जाए है

1.इच्छा वालों 2.शोकाकुल स्वर

❀

रंगीं इन्हीं दोनों से दुनिया की कहानी है
इक लफ़्ज़ मुहब्बत है, इक लफ़्ज़ जवानी है

दुनिया-ए-सितमगर में इंसाफ़ कहाँ यारो
क़ातिल को दुआ देना याँ रस्म पुरानी है

इस ख़ून से धोया है हर शख़्स ने हाथ अपना
ये ख़ूने-ग़रीबाँ है, या मुफ़्त का पानी है

साक़ी के बदलने से मयख़ाना कहाँ बदला
साग़र भी पुराने हैं सहबा भी पुरानी है

क्या तुर्फ़ा-तमाशा[1] हैं इस दौर की तहरीरें
अल्फ़ाज़ का जंगल है फुक़दाने-मआनी[2] है

1.विचित्र 2.अर्थ का अभाव

आलम बदल गया निगह-ए-मुख़्तसर के बाद
दुनिया ही दूसरी है तिरी इक नज़र के बाद

अपनी नहीं है फ़िक्र हमें ये मलाल है
किस पर गिरेगी बर्क़े-तपाँ[1] मेरे घर के बाद

देखा था जिसका ख़्वाब वो मंज़िल नहीं मिली
लुत्फ़े-सफ़र भी खो गया ख़त्मे-सफ़र के बाद

ऐ महरे-नीमरोज़[2] दिखा ले अभी तू आँख
देखेंगे हम भी चेहरा तिरा दोपहर के बाद

ये रंगे-हुस्न कब था कहाँ थी ये आबो-ताब
वो सुर्ख़-रू हुए मिरे ख़ूने-जिगर के बाद

बाज़ीगरी दिखाएँगे जब शाम आएगी
तारों की क्या बिसात नुमूदे-सहर[3] के बाद

चलने को यूँ तो चलते रहे रहरवाने-शौक़[4]
हर रहगुज़र थी ख़त्म तिरी रहगुज़र के बाद

रिंदों[5] को मयकशी की ज़रूरत नहीं रही
साग़र उठाए कौन तुम्हारी नज़र के बाद

क्या क्या न इल्तिजाएँ थीं जब तक असर न था
हम उसको भूल बैठे दुआ में असर के बाद

हुस्ने-नज़र से पहले कोई शै हसीं न थी
दुनिया हसीन हो गई हुस्ने-नज़र के बाद

पेशानी अपनी और कहीं हम झुकाएँ क्यों
सज्दा रवा नहीं है तिरे संगे-दर के बाद

बैठे न दो घड़ी भी कहीं चैन से 'हफ़ीज़'
बाँधा है हमने रख़्ते-सफ़र[6] हर सफ़र के बाद

1.ताप 2.दोपहर का सूर्य 3.प्रातः का प्रकट होना 4.इच्छा के राही 5.मद्यप 6.यात्रा सामग्री

दिल अगर टूटे तो रश्के-जामो-पैमाना कहें
हुक्मे-साक़ी है कि हम मक़तल को मयख़ाना कहें

सैकड़ों पाबंदियाँ हैं इक ज़बाने-शौक़ पर
क्या सुनाएँ हाले-दिल क्या ग़म का अफ़साना कहें

मस्लेहत[1] की बेड़ियाँ हैं अब तो सबके पाँव में
किसको दीवाना कहें हम किसको फ़रज़ाना[2] कहें

ग़म नसीबो! शामे-हिज्राँ मुख़्तसर हो जाएगी
ज़िक्रे-मय छेड़ें हदीसे-ज़ुल्फ़े-जानाना[3] कहें

क्या सितम है उनकी हर लग़्ज़िश ख़रामे-नाज़[4] हो
हम जो कुछ बहकें तो हमको लोग दीवाना कहें

बेख़ुदी[5] में कह गये हमको जो कहना था हफ़ीज़
अब हमें जो चाहें अरबाबे-क़दहख़ाना[6] कहें

1.हित 2.बुद्धिमान 3.प्रेयसी की ज़ुल्फ़ों की बातें 4.हाव चपलगति 5.आत्म विस्मृति 6.मधुशाला वाले

❁

शहरे-बुताँ में गर्मी-ए-बाज़ार भी नहीं
कोई मता-ए-दिल[1] का ख़रीदार भी नहीं

किस दर्जा बदनसीब है वो शख़्स दोस्तो
ज़ाहिद[2] भी जो नहीं है गुनगहार भी नहीं

बादाकशी से हमको तअल्लुक़ नहीं मगर
आँखों से तुम पिलोओ तो इनकार भी नहीं

बारिश थी कल हमीं पे तिरे लुत्फ़े-ख़ास की
अब हम तिरे सितम के सज़ावार भी नहीं

आशुफ़्तगाने-शौक़[3] कहाँ जाएँ क्या करें
जाए सुकूँ अब अंजुमने-यार भी नहीं

1.दिल की पूँजी 2.सन्यासी 3.प्रेम दीवाने

❀

क्या तुमको ख़बर इसकी बाज़ारे-जहाँ वालो
तुम इश्क़ को क्या समझो ऐ सूदो-ज़ियाँ[1] वालो

आराइशे-गुलशन[2] में काँटों का भी हिस्सा है
काँटों का भी हक़ देना फूलों के जहाँ वालो

ये अहदे-सितम[3] तुमसे कुछ और भी माँगे है
ऐ शिकवा-ए-ग़म वालो, फ़रियादो-फ़ुग़ाँ[4] वालो

अंजामे-तसादुम[5] पर बेहतर है नज़र कर लो
पत्थर से न टकराओ शीशे के मकाँ वालो

हमको भी मिले सदक़ा[6] कुछ हुस्नो-जवानी का
हम भी हैं फ़क़ीरों में ऐ हुस्ने-जवाँ वालो

सूरज को लिए सर पर दिन तुम से सवाली है
कब होश में आओगे ऐ ख़्वाबे-गिराँ[7] वालो

बुतख़ाना व काबा के मिट जाएँ सभी झगड़े
मयख़ाना में आ जाओ नाक़ूसो-अज़ाँ[8] वालो

1.लाभ-हानि 2.पुष्पवाटिका की सज्जा 3.अत्याचार का युग 4.न्याय याचना 5.संघर्ष के परिणाम 6.दान 7.गहरी नींद 8.शंख और अज़ान

❀

मुहब्बत शम'अ की सूरत दिलों को जगमगाए है
यही ज़ालिम मगर कितनों का घर भी फूँक जाए है

न जाने कौन सी दुनिया में आ पहुँचे हैं दीवाने
भरी महफ़िल में भी एहसासे-तन्हाई सताए है

मैं अपने घर में हूँ लेकिन अजब आलम है वहशत[1] का
मुझे आसेब[2] बन कर ख़ुद मिरा साया डराए है

न इतराओ अगर मौजे-बला से दूर आ निकले
कि साहिल के क़रीब आकर भी कश्ती डूब जाए है

यहाँ हर रोज़ इतने हाद्साते-ग़म गुज़रते हैं
कि दुनिया कल का हर अफ़साना-ए-ग़म भूल जाए है

'हफ़ीज़' अहले-ख़िरद[3] से कह दो आकर झोलियाँ भर लें
मता-ए-इल्मो-दानिश[4] एक दीवाना लुटाए है

1.भय 2.आपदा 3.बुद्धिमान 4.ज्ञान की पूँजी

❀

सच पूछो तो मैं दीवाना न था, दीवाना बनाया लोगों ने
आँसू निकल आए आँखों से यूँ मुझको हँसाया लोगों ने

रूदादे-बहाराँ क्या कहिए बेदर्दी-ए-याराँ क्या कहिए
याँ मेरा नशेमन ख़ाक हुआ, वाँ जश्न मनाया लोगों ने

अल्लाह रे साक़ी का ये सितम, अल्लाह रे नज़्मे-मयख़ाना[1]
बदमस्तों ने तोड़े जामो-सुबू और क़र्ज़ चुकाया लोगों ने

इस बात पे कुछ अरबाबे-चमन[2] सुनता हूँ बहुत ही बरहम हैं
क्यों मौसमे-गुल में ज़ख़्मों का बाज़ार सजाया लोगों ने

क्या कहिए 'हफ़ीज़' एहसाने-जहाँ पूछा न किसी ने जीते जी
जब उठ गये हम इस दुनिया से काँधे पे उठाया लोगों ने

1.मधुशाला का प्रबंध 2.उपवन के मालिक

क्या कैफ़[1] का सामाँ था कल रात जहाँ मैं था
क्या आलमे-ताबाँ[2] था कल रात जहाँ मैं था

इक जन्नते-रंगो-बू दामाने-तलब[3] में थी
क्या फ़ैज़े-बहाराँ[4] था कल रात जहाँ मैं था

जागीरे-दोआलम[5] भी दे कर जो न हासिल हो
वो जलवा भी अरज़ाँ[6] था कल रात जहाँ मैं था

नज़रों को शिकायत थी कोताही-ए-दामाँ[7] की
वो हुस्ने-फ़रावाँ[8] था कल रात जहाँ मैं था

साक़ी की निगाहों से ढलती थी अजब सहबा
दिल साग़रे-रक़्साँ[9] था कल रात जहाँ मैं था

कुछ फ़िक्र न दुनिया की उक़बा[10] का न कोई ग़म
हर मरहला[11] आसाँ था कल रात जहाँ मैं था

मैं जिसकी तमन्ना में बेताब रहा बरसों
वो ख़ुद मिरा पुरसाँ था कल रात जहाँ मैं था

किस तरह बयाँ कीजे लफ़्ज़ों में 'हफ़ीज़' उसको
क्या हाले-दिलो-जाँ था कल रात जहाँ मैं था

1.उन्माद 2.प्रकाशित जगत 3.याचना अंचल 4.बसंत का देन 5.दोनों संसार की सम्पत्ति 6.अल्पमूल्य 7.अंचल की अल्पता 8.बहुल सौन्दर्य 9.नृत्यरत मदिरा पात्र 10.प्रलोक 11.विकट समस्या

❀

मस्ते-पैमान-ए-सहबा-ए-ख़ुदी[1] हैं हम लोग
बेख़ुदी[2] जिन पे तसद्दुक़[3] है वही हैं हम लोग

मिल के देखो तो ज़रा अहले-ज़माना हम से
जेब ख़ाली है तो क्या दिल के ग़नी[4] हैं हम लोग

इस पे नाज़ाँ हैं कि हुस्ने-बशरी[5] रखते हैं
न फ़रिश्तों से मुशाबह[6], न वली हैं हम लोग

गुज़रे जिस राह से गुलबारो-गुल-अफ़्शाँ गुज़रे
दामने-मौजे-नसीमे-सहरी[7] हैं हम लोग

और उभरेंगे हरीफ़ों[8] के मिटाने से हफ़ीज़
सफ़्ह-ए-वक़्त[9] पे वो हर्फ़े-जली[10] हैं हम लोग

1.अहंकार सुरा के पैमाने से मस्त 2.आत्म विस्मृत्ति 3.बलि 4.धनी 5.मानवीय सौन्दर्य 6.समान 7.प्रातःमंदपवन का अंचल 8.शत्रु 9.काल पृष्ठ 10.उज्वल अक्षर

❀

रिंद अकेला है शैख़ो-बरहमन कई
इक मुसाफ़िर को घेरे हैं रहज़न कई

मुझसे बरगुश्ता[1] हैं रू-ए-रौशन[2] कई
मेरी नज़रों ने तोड़े हैं दर्पन कई

एक जश्ने-चराग़ाँ मनाया गया
हो गये नज़रे-आतिश[3] नशेमन कई

बुतकदा[4] क्या, हरम[5] क्या, कलीसा[6] है क्या
एक जल्वा है और उस पे चिलमन[7] कई

हादसा ये भी सहने-चमन[8] में हुआ
बिजलियों ने बचाए नशेमन कई

तुमको अपने ही दामन का ग़म है 'हफ़ीज़'
तुमसे भी हैं सिवा चाक दामन[9] कई

1.विमुख 2.दीप्त मुख 3.अग्नि भेंट 4.मूर्ति गृह 5.ख़ाना का'बा की चार दीवारी 6.गिरजा 7.पर्दा 8.पुष्पवाटिका का प्रांगण 9.विदीर्ण अंचल

❁

इस हादसे पे आँख से आँसू निकल गये
कितने हसीन लोग मशीनों में ढल गये

दुनिया इसे सुनेगी तो बस मुस्कुराएगी
जुगनू पकड़ रहा था मिरे हाथ जल गये

मौसम के इंतिज़ार में कुछ लोग हैं खड़े
कुछ लोग मंज़िलों से भी आगे निकल गये

ऐसे हसीं खिलौने सजे थे दुकानों में
बच्चों की तरह देख के हम भी मचल गये

क्या नाम दें बताओ हम इस ऐहतराम[1] को
साहिल पे तुमको देख के तूफ़ान टल गये

हमको भी अपने ख़ूँ में नहाना था शाम तक
सूरज के साथ हम भी सफ़र पर निकल गये

इक शाख़े-गुल झुकी थी हमारे बहुत क़रीब
हम लड़खड़ा गये थे मगर फिर सँभल गये

काग़ज़ के चंद टुकड़ों की उम्मीद में हफ़ीज़
लेकर कहाँ कहाँ न हम अपनी ग़ज़ल गये

1.सम्मान

❀

शबनम ने जिसे पाला शोलों में वो जलता है
हर दौर में जीने का अंदाज़ बदलता है

ऐ सुब्ह के दीवानो! ज़ुलमत से न घबराओ
ज़ुल्मत ही के पर्दे से ख़ुर्शीद निकलता है

आग और भड़कती है पानी के बरसने से
ये दिल का नशेमन है सावन में भी जलता है

उस बुत की निगाहों में आँसू जो नज़र आए
आया ये यक़ीं हमको पत्थर भी पिघलता है

है दिल भी 'हफ़ीज़' अपना सूरज की तरह ज़िद्दी
हर शाम जो ढलता है हर सुब्ह निकलता है

❁

कब तक लहू के फूल लबों पर खिलाएँ हम
दिल ग़म से चूर चूर है क्या मुस्कुराएँ हम

रूदादे-ग़म तवील भी है दिलशिकन[1] भी है
किसको सुनाएँ और कहाँ तक सुनाएँ हम

करती नहीं क़बूल जिसे कोई भी ज़मीं
वो लाश-ए-हयात[2] कहाँ ले के जाएँ हम

इक भूल हो गई थी हमारे बुज़ुर्ग से
अब तक उसी की झेल रहे हैं सज़ाएँ हम

सब रंग जिनके उड़ गये सब नक्श मिट गये
उन सूरतों से ख़ाना-ए-दिल क्या सजाएँ हम

पिंहाँ ख़ुद आगही[3] में ख़ुदा आगही भी है
ख़ुद आहगी की शम'अ दिलों में जलाएँ हम

आँखों की झील ज़ुल्फ़ के साए, लबों की मय
जी चाहता है आज यहीं डूब जाएँ हम

तोहफ़ा यही मिला है उरूसे-बहार[4] से
पहने हुए हैं ज़ख़्मों की रंगीं क़बाएँ हम

जब रहनुमा ही लूट रहे हैं हमें हफ़ीज़
क्या रहज़नों से क़ाफ़िला-ए-जाँ बचाएँ हम

1.दिल तोड़ने वाला 2.जीवन शव 3.स्वयं से अवगत 4.बसंत की दुल्हन

❁

अश्के-ग़म ही सही पलकों पे सजा रखिएगा
रात अँधेरी है कोई दीप जला रखिएगा

ये ज़माना तो अदाकार है कुछ और नहीं
इस ज़माने से न उम्मीदे-वफ़ा रखिएगा

जाने वाले कभी वापस भी चले आते हैं
दिल का दरवाज़ा शबो-रोज़ खुला रखिएगा

हर्फ़ आए न कोई हुर्मते-मयख़ाना पर
जाम ख़ाली सही होंटों से लगा रखिएगा

हर क़दम हर किसी दीवार से लड़ना होगा
दस्ते-तदबीर में तीशा भी उठा रखिएगा

इसको हल कीजिए जो मसअला दरपेश है आज
बात जो कल की है वो कल पे उठा रखिएगा

क्या ख़बर मुल्क को कब इसकी ज़रूरत पड़ जाए
कुछ न कुछ ख़ून रगे-जाँ में बचा रखिएगा

वर्ना कर देगा ज़माना नज़रअंदाज़ 'हफ़ीज़'
अपना अंदाज़ ज़माने से जुदा रखिएगा

ये दौरे-रंगो-नूर भी क्या लाजवाब है
सीना तो दाग़-दाग़ है चेहरा गुलाब है

सस्ता है ख़ूने-आदमी महँगी शराब है
क्या जाने कितनी दूर अभी इंक़लाब है

वो शाहकारे-हुस्न हैं हम ताजदारे-इश्क़
उनका जवाब है न हमारा जवाब है

किरदार क्या है अज़मते-नामो-नसब है क्या
पैसा है जिसके पास वो आली जनाब है

किसको गले लगाइए अपनाइए किसे
हर मंज़र इक फ़रेब है हर जलवा ख़्वाब है

महफ़िल वही है साक़ी-ए-महफ़िल भी है वही
बदला है सिर्फ़ जाम पुरानी शराब है

फ़ुर्सत मिले 'हफ़ीज़' तो पढ़िएगा ग़ौर से
वो जिस्मे-नाज़नीं भी ग़ज़ल की किताब है

❁

आज उसने मुहब्बत से दीवानों को देखा है
अंजाम ख़ुदा जाने आग़ाज़ तो अच्छा है

ये कौन सा मौसम है बतलाओ चमन वालो
हर शाख़े-रगे-जाँ पर इक ज़ख़्मी परिंदा है

सूखी हुई धरती पर बरसात नहीं होती
बादल जो बरसता है दरिया पे बरसता है

चूमें तो किसे चूमें देखें तो किसे देखें
हर जाम शिकस्ता है हर आईना टूटा है

तुम लाख सितम ढाओ हम प्यार न छोड़ेंगे
वो काम तुम्हारा है ये काम हमारा है

हर चीज़ तो महँगी है इस दौरे-सितमगर में
इंसाँ का लहू लेकिन पानी से भी सस्ता है

है दिल भी 'हफ़ीज़' अपना सूरज की तरह ज़िद्दी
हर शाम जो ढलता है हर सुब्ह निकलता है

आश्ना होते हुए ना-आश्ना हो जाओगे
कब ये समझा था कि तुम भी बेनवा हो जाओगे

नाख़ुदा तुमको सफ़ीने का बनाया था मगर
ये न समझे थे कि तुम इक दिन ख़ुदा हो जाओगे

रहनुमाओ ये समझ लो तुम हमारे दम से हो
हम अगर मिट जाएँगे तुम भी फ़ना हो जाओगे

ज़ुल्म पर ख़ामोश रहना ज़ुल्म की ताईद है
यूँ हमेशा के लिए तुम बेनवा हो जाओगे

दूसरों का क्या भरोसा ख़ुद मदद अपनी करो
तुम ही अपने दर्दे-हस्ती की दवा हो जाओगे

❀

क्या बताएँ कब अपने घर में रहे
हम हमेशा किसी सफ़र में रहे

जाने किस वक़्त काम आ जाए
कोई टूटा दिया ही घर में रहे

घर के अंदर की कुछ ख़बर न हुई
लोग तज़ईने-बामो-दर[1] में रहे

मैं मुसाफ़िर इसी ज़मीं का था
गरचे अफ़लाक[2] भी नज़र में रहे

लब तक आए न माजरा दिल का
घर की जो बात है वो घर में रहे

लोग इन्आम के भिकारी थे
हम फ़क़त ख़िदमते-हुनर[3] में रहे

बात करनी भी हो जहाँ मुश्किल
कौन उस शहरे-शोरो-शर[4] में रहे

1.छत और द्वार की सज्जा 2.आकाश 3.कला की सेवा 4.हंगामा और झगड़े का नगर

❀

दिल किसी बेदर्द की बातों से बहलाते नहीं
आइना है हम उसे पत्थर से टकराते नहीं

काम लेना है तो ले लो पुरफ़िशाँ लम्हात से
ये वो पंक्षी हैं कि उड़ जाएँ तो फिर आते नहीं

ज़िंदगी बख़्शी है जिसने छीन लेगा एक दिन
इक पराई चीज़ पर हम नाज़ फ़रमाते नहीं

रात की तारीकियों में जो चमकते हैं बहुत
वो सितारे रौशनी में शक्ल दिखलाते नहीं

काश उतर जाए दिलों में एक दीवाने की बात
ज़िंदगी उनकी है जो मरने से घबराते नहीं

अहले-दिल हर हाल में रहते हैं सरगरमे-सफ़र
साया-ए-गेसू भी मिल जाए तो सुस्ताते नहीं

अपना चेहरा देख कर हम को भी रोना आएगा
आइने के सामने हम इस लिए जाते नहीं

सर्दियाँ तो आ गयीं लेकिन किसी भी झील पर
ख़ुशनुमा रौशन परिंदे अब नज़र आते नहीं

क्यों उन्हें अब्रे-करम का नाम देते हो 'हफ़ीज़'
तिश्ना कामों पर जो कोई लुत्फ़ फ़रमाते नहीं

❀

शबाबो-शेर[1] का मौसम गुज़र भी जाएगा
चढ़ा हुआ है जो दरिया उतर भी जाएगा

उठेगी चश्मे-इनायत[2] न कोई उसकी तरफ़
वो तिश्नगी लिए होंटों पे मर भी जाएगा

यही सुलूक रहेगा अगर हवाओं का
ख़मोशियों का समुंदर बिफर भी जाएगा

ख़यालो-ख़्वाब का मंज़र बहुत हसीन सही
ज़रा सी देर में सब कुछ बिखर भी जाएगा

ख़बर करो ज़रा आसूदगाने-साहिल[3] को
ये सैले-ग़म[4] जो इधर है उधर भी जाएगा

सँवर सकेगी न दुनिया की काकुले-पेचां[5]
तुम्हारा गेसू तो इक दिन सँवर भी जाएगा

कभी तो आएगी मंज़िल सुकूने-दिल की 'हफ़ीज़'
कहीं तो क़ाफ़िला-ए-जाँ ठहर भी जाएगा

1. सुंदरता और शायरी 2.कृपा दृष्टि 3.तट के सम्पन्न लोग 4.दुख की धारा 5.बल खाए हुए केश

❀

चाँद उसका बदन चाँदनी पैरहन[1]
उससे माँगे न क्यों ज़िंदगी पैरहन

एक जलवा मगर मुख़्तिलफ़ आईने
एक तस्वीर लेकिन कई पैरहन

जिस्म की आग शोले उगलती रही
और जलते रहे रेशमी पैरहन

जितने पैकर हैं मिट्टी में मिल जाएँगे
चाट जाएगी दीमक सभी पैरहन

रुत जो बदली तो ये भी बदल जाएँगे
सब पहनते हैं याँ मौसमी पैरहन

ज़िंदगी भर जो उरयाँ[2] रहे दोस्तो
मौत आकर उन्हें दे गई पैरहन

हम मक़ाबिर[3] पे चादर चढ़ाते रहे
माँगती रह गई ज़िंदगी पैरहन

है 'हफ़ीज़' आज का आदमी काग़ज़ी
काग़ज़ी जिस्म है काग़ज़ी पैरहन

1.वस्त्र 2.नग्न 3.समाधि

❀

जाम औरों की ख़ातिर उछाले गये
और हम सिर्फ़ वादों पे टाले गये

मयकदे उनकी आँखों से ढाले गये
उनकी ज़ुल्फ़ों को बादल उड़ा ले गये

झूट बोले नहीं जो कहा सच कहा
आइने इस लिए तोड़ डाले गये

ताज़गी भी वही दिलकशी भी वही
गुलबदन मेरी ग़ज़लें चुरा ले गये

अब हमारे लिए रात ही रात है
तुम गये ज़िंदगी के उजाले गये

जुर्मे-साक़ी पे जो चुप न बैठे कभी
मयकदे से वो मैकश निकाले गये

ये ख़ुमारे-नौजवानी[1] ये शबाब का ज़माना
यही ज़िंदगी का ज़ामिन[2] यही मौत का बहाना

ये सितम है आस्माँ का कि करम है बाग़बाँ का
गिरी जब भी कोई बिजली जला मेरा आशियाना

न बहुत ग़ुरूर करना जो हवा है आज हक़ में
ये हवा है मेरे यारो नहीं इसका कुछ ठिकाना

मिरे घर के ही बग़ल में है तुम्हारा घर भी यारो
मेरा घर अगर जलाना तो ये सोच कर जलाना

मिरे दिल का मश्वरा है कि हर इक क़दम सँभल के
वो निगाह कह रही है कभी होश में न आना

तिरी तमकिनत को शायद अभी ये ख़बर नहीं है
है मिरी वफ़ा के दम तक तिरे हुस्न का फ़साना

तुम्हें शौक़े-रौशनी है तो ये इहतियात रखना
जो किसी का घर जला दे वो चिराग़ मत जलाना

मिरी ज़िंदगी मुहब्बत मिरा मशग़ला है उल्फ़त
मैं 'हफ़ीज़' एक शाइर मिरा सब से दोस्ताना

1.नौजवानी का उन्माद 2.उत्तरदायी

❁

मिरा दिल नहीं परेशाँ मिरी आँख नम नहीं है
तिरा ग़म रहे सलामत मुझे कोई ग़म नहीं है

जिसे देख कर ज़माना न ख़ुदा-ख़ुदा पुकारे
मिरे दिल का फ़ैसला है वो सनम-सनम नहीं है

वही हर्फ़े-दर्द कहना जो सुना नहीं है अब तक
वही दास्तान लिखना जो कहीं रक़म[1] नहीं है

तेरी आरज़ू के सदक़े मैं वहाँ रवाँ दवाँ हूँ
जहाँ पाए-कुदसियाँ[2] भी मेरा हमक़दम[3] नहीं है

न जुनूँ पे तंज़ करना जो ये कुछ सँभल गया है
तेरे गेसुओं में भी अब वो हसीन ख़म नहीं है

दिया ख़ूने-दिल भी जिसने तेरे मयकदे की ख़ातिर
तेरे मयकदे में साक़ी वही मोहतरम नहीं है

1.लिखित 2.शुभ चरण 3.सहगामी

❀

ज़ेहन में ख़ूँशुदा[1] अरमानों का चेहरा उभरा
फ़स्ले-गुल आई तो हर ज़ख़्मे-तमन्ना उभरा

ज़र्द मौसम की हवाओं ने बड़ा ज़ुल्म किया
आइना आईना इक अक्से-बर्हना[2] उभरा

मेरी गुमराही से आसान हुई राहे-जुनूँ
दश्त-दर-दश्त[3] मिरा नक़्शे-कफ़े-पा[4] उभरा

ज़िंदगी तब किसी साहिल से हमआग़ोश[5] हुई
ख़ून में डूब के जब दिल का सफ़ीना[6] उभरा

तूने तो तर्के-तअल्लुक़ की क़सम खाई थी
तेरी पेशानी पे क्यों नाम हमारा उभरा

तल्ख़ी-ए-ज़ीस्त[7] ने इस दर्जा सताया मुझको
मेरी आँखों में भी ख़्वाबों का जज़ीरा उभरा

दोस्तो आ गई क्या सेहने-गुलिस्ताँ में बहार
ज़ख़्मे-दिल क्यों नज़र आने लगा उभरा उभरा

1.रक्त-रंजित 2.नग्न प्रतिरूप 3.वन 4.पद चिन्ह 5.आलंगिन बद्ध 6.नौका 7. जीवन की कटुता

❀

भागते सायों के पीछे ता-ब-के दौड़ा करें
ज़िंदगी तू ही बता कब तक तिरा पीछा करें

तिश्नगी हद से बढ़ी है मशग़ला[1] कोई नहीं
शीशा-ओ-साग़र न तोड़ें बादकश तो क्या करें

रू-ए-गुल हो चेहर-ए-महताब हो या कहकशाँ
हर चमकती चीज़ को कुछ दूर से देखा करें

हम नहीं मंज़ूर करते ऐसी कोई शर्ते-दीद[2]
वो हमें देखें न देखें हम उन्हें देखा करें

दूसरों पर तबसेरा[3] फ़रमाने से पहले 'हफ़ीज़'
अपने दामन की तरफ़ भी इक नज़र देखा करें

1.कार्य 2.दर्शन प्रतिबन्ध 3.आलोचना

❀

गरचे सब एक ही मकान में थे
फ़ासले सबके दरमियान[1] में थे

हर घड़ी सख़्त इम्तिहान में थे
जाने हम लोग किस जहान में थे

वो हमारा है और किसी का नहीं
मुद्दतों हम इसी गुमान में थे

आप पैवंदे-ख़ाक[2] कैसे हुए
आप तो ऊँचे आसमान में थे

कश्ती ग़र्क़ाब[3] हो गई तो खुला
कितने तूफ़ान बादबान में थे

रश्क था जिन पे आसमानों को
ऐसे जलवे भी ख़ाकदान[4] में थे

1.मध्य 2.धूली से सम्बंध 3. जलमग्न 4.धुली का प्याला

ख़ुश्क लफ़्ज़ों से भी दरियाए-मआनी[1] निकला
हमने चीरा जिगरे-संग[2] तो पानी निकला

चलो अच्छा हुआ चाहत का भरम टूट गया
दोस्त समझे थे जिसे दुश्मने-जानी निकला

दूसरा ताज महल कोई बनाए न बना
कितना मुमताज़[3] गमे-शाहजहाँनी[4] निकला

ये करिश्मा भी मुहब्बत ने दिखाया ऐ दोस्त
मेरा आँसू तिरी आँखों की ज़बानी निकला

ज़ख़्म महके न खिले फूल न साग़र छलके
मौसमे-गुल का भी अंदाज़ ख़ज़ानी[5] निकला

1.अर्थ की नदी 2. पत्थर का जिगर 3.विशेष 4.शाहजहाँ का दुख 5.पतझड़ की शैली

❁

क्यों आबरू-ए-दीदा-ए-तर[1] खो रहे हैं लोग
अंधों की अंजुमन है जहाँ रो रहे हैं लोग

अल्लाह रे ये बेख़बरी अहले-होश की
सूरज निकल चुका है मगर सो रहे हैं लोग

किसके लहू का दाग़ है जो छूटता नहीं
हाथों को बार बार ये क्यों धो रहे हैं लोग

शोले मिज़ाज पूछेंगे उनका भी एक दिन
मेरा मकाँ जला के जो ख़ुश हो रहे हैं लोग

दौरे-शिकस्तो-रेख़्त[2] में कुछ भी नहीं बचा
रिश्ता भी एक बोझ है जो ढो रहे हैं लोग

क्या ये वही बहार है सच कहिएगा 'हफ़ीज़'
जिसके लिए ख़ुदा से दुआगो[3] रहे हैं लोग

1.भीगी आँखों की मर्यादा 2.टूट फूट 3.दुआ माँगना

❁

हुस्न की इक निगाह का दिल पर फ़ुसूँ[1] बहुत हुआ
दश्त-ब-दश्त[2] कू-ब-कू रक़्से-जुनूँ[3] बहुत हुआ

जंग तो ख़ैर जंग है जंग की बात छोड़िए
अम्न के नाम पर भी याँ अम्न का ख़ूँ बहुत हुआ

तीराशबी भी है वही तिश्नालबी भी है वही
आ गई सुब्हे-ज़रफ़िशाँ[4] शोर तो यूँ बहुत हुआ

है ये मआमला अजब उसको कहें तो क्या कहें
तड़पे जो उसकी याद में दिल को सुकूँ बहुत हुआ

चारागरी[5] न कीजिए आप ये काम छोड़िए
चारागरी से आपकी दर्द फ़ुज़ूँ[6] बहुत हुआ

आए है दिल से क्या सदा सुनिए 'हफ़ीज़' जी ज़रा
अब कोई कारे-ख़ैर[7] भी कारे-ज़बूँ[8] बहुत हुआ

1.मंत्र तंत्र 2.जंगल जंगल 3.उन्माद नृत्य 4. चमकीली सुबह 5.उपचार 6.अधिक 7.पुण्य का कार्य 8.हानि का कार्य

सर-ता-ब-क़दम[1] नाज़ो-अदा ओढ़े हुए है
हर शख़्स यहाँ अपनी अना[2] ओढ़े हुए है

ऐ देखने वालो किसी धोके में न आना
क़ातिल भी मसीहा की क़बा ओढ़े हुए है

गुंचा-दहनो[3], गुल-बदनो[4] ख़ैर तुम्हारी
मौसम बड़ी ज़हरीली हवा ओढ़े हुए है

उस शख़्स के दिल में भी कभी झाँक के देखो
ख़ुशियों की जो गुलरंग-रिदा[5] ओढ़े हुए है

है चाँदनी उसके लिए राहों की कड़ी धूप
जो मादरे-मुश्फ़िक़[6] की दुआ ओढ़े हुए है

अपना नहीं महताब का ये पैकरे-नूरी
महताब तो माँगे की क़बा[7] ओढ़े हुए है

ज़ख़्मों की रिदा है कि गुलो-लाला की चादर
खुलता ही नहीं कुछ कि वो क्या ओढ़े हुए है

1.सर से पाँव तक 2.अहंकार 3.फूल के मुख वाले 4.फूल जैसे शरीर वाले 5.फूल की रंग वाली पोशाक 6.स्नेही माँ 7. पोशाक

दिलशिकन[1] सूरते-हस्ती कभी ऐसी तो न थी
ज़िंदगी आज है जैसी कभी ऐसी तो न थी

जागने वाले सरे-शाम[2] ही सो जाते हैं
मेरे ख़्वाबों की ये नगरी कभी ऐसी तो न थी

जिस तरफ़ देखिए रावण की अमलदारी[3] है
लक्ष्मण व राम की धरती कभी ऐसी तो न थी

पी के भी तिश्नालबी का है इक एहसासे-शदीद
ग़मे-दौराँ[4] तिरी तल्ख़ी कभी ऐसी तो न थी

छू लिया है तिरी ज़ुल्फ़ों को तो आपे में नहीं
मस्ती-ए-बादे-बहारी[5] कभी ऐसी तो न थी

पहले भी कौन सी ख़ूबी थी ज़माने में मगर
आज है जैसी ख़राबी कभी ऐसी तो न थी

कोई अरमाँ कोई हसरत भी नहीं दिल में 'हफ़ीज़'
ग़ैर आबाद ये बस्ती कभी ऐसी तो न थी

1.दिल तोड़ने वाली 2.शाम होते ही 3.अधिकार 4.युग का दुख 5.सुख की हवा

क्यों महफ़िले-निशात[1] में ग़म याद आ गये
क्या हो गया कि आपको हम याद आ गये

मुश्किल बहुत थी राहे-जुनूँ[2] सहल हो गई
उस गेसू-ए-दराज़[3] के ख़म याद आ गये

क्या फिर कोई बला तो नहीं आने वाली है
क्यों मयकदे में शैख़े-हरम[4] याद आ गये

जब भी किया है उनको भुलाने का फ़ैसला
वो और भी ख़ुदा की क़सम याद आ गये

बेदादे-दुश्मनाँ[5] की शिकायत नहीं रही
जब दोस्तों के लुत्फ़ो-करम याद आ गये

टपका है मेरी आँखों से ख़ूने-जिगर 'हफ़ीज़'
कुछ बदनसीब अहले-क़लम[6] याद आ गये

1.आनन्दयुक्त सभा 2.उन्माद पथ 3.लम्बे केश 4.गुरु 5.निर्मम शत्रु 6.लेखक

❀

तिरी तलाश में जो ख़ुश-ख़राम[1] रहते हैं
ग़मों की धूप में भी शादकाम[2] रहते हैं

न जाने कौन से आलम में होते हैं हमलोग
जब अपने आप से महवे-कलाम[3] रहते हैं

तिरी निगाह के अफ़साना-हाए-पुर-अफ़्सूँ[4]
हज़ार कहिए मगर नातमाम रहते हैं

रहीने-जाम[5] नहीं है हमारी मयनोशी[6]
बग़ैर जाम भी हम मस्ते-जाम रहते हैं

तिरी तलब का जुनूँ है कि तेरे दीवाने
शिकस्ता-पा[7] हैं मगर तेज़गाम[8] रहते हैं

किसी से माँग के पीना गुनह समझते हैं
ये और बात कि हम तिश्ना-काम रहते हैं

ख़मोशियों की ज़बाँ को कोई पढ़े तो 'हफ़ीज़'
ख़मोशियों में भी क्या-क्या पयाम[9] रहते हैं

1.प्रियतम की तरह चलने वाले 2.प्रसन्न 3.बातों में लीन 4.दृष्टि की मंत्र भरी कहानियाँ 5.मदिरा पान का आधीन
6. मदिरा पान 7.खण्डित पद 8.तीव्र गति 9.संदेश

❁

फ़क़त अल्फ़ाज़ की रंगीं क़बा अच्छी नहीं लगती
कहानी हो अगर बे माजरा अच्छी नहीं लगती

यही मौसम था जब बिजली गिरी थी ख़िरमने-जाँ[1] पर
हमें सावन की ये काली घटा अच्छी नहीं लगती

ज़रा सी बरहमी[2] भी हो तो बढ़ जाती है रा'नाई[3]
बहुत आराइशे-ज़ुल्फ़-ए-दोता[4] अच्छी नहीं लगती

मगर हम हैं कि पी जाते हैं हर ज़हराबे-ग़म[5] हँसकर
किसी बीमार को कड़वी दवा अच्छी नहीं लगती

इसी का नाम जीना है तो हम जीने से बाज़ आए
'हफ़ीज़' अब उनके दामन की हवा अच्छी नहीं लगती

1.जीवन 2.क्रुद्धता 3.स्वंय सज्जा 4.वक्र केश पारा की सज्जा 5.दुख का विष

❁

ख़ुदा भी ख़ुश नहीं नाराज़ है ख़ुदाई भी
अजीब चीज़ है इक बुत से आशनाई भी

बजा कि महरो-मुहब्बत शिआर[1] है उसका
मिज़ाजे-हुस्न में शामिल है बेवफ़ाई भी

हसद की आग में जलने लगी है इक दुनिया
बला-ए-जाँ है हमारी ये ख़ुशनवाई[2] भी

न तर्क कर सके हम राहे-रास्ती[3] वर्ना
हमारे हाथ में था तमग़ा-ए-तलाई[4] भी

तिरी निगाह ने सिखलाई हमको मयनोशी
तिरी निगाह ने बख़्शी है पारसाई भी

1.चिन्ह 2.सुरागी 3.सीधा रास्ता 4.स्वर्णीय पदक

❀

बड़ी मुश्किल से जीने का ये इक रस्ता निकाला है
जो रंजो-ग़म मिले हमको ग़ज़ल में हमने ढाला है

शबे-हिज्राँ है लेकिन हर तरफ़ इक चाँदनी सी है
मुझे महसूस होता है कोई आने ही वाला है

कभी अपने हरीमे-दिल[1] में भी तुम झाँक कर देखो
यहीं काबे की रा'नाई[2] यहीं हुस्ने-शिवाला है

जहाँ हम हैं वहाँ आँखें उजाले को तरसती हैं
जहाँ तुम हो वहाँ हर सू उजाला ही उजाला है

'हफ़ीज़' हम छोड़ कर उस अंजुमन को जा नहीं सकते
जहाँ टकराए हैं शीशे जहाँ साग़र उछाला है

1.दिल का घर 2.सुन्दरता

❀

सुनहरे पंख वाले कुछ फ़रिश्ते याद आते हैं
जो तेरे साथ गुज़रे हैं वो लम्हे याद आते हैं

कभी जी चाहता है तोड़ दूँ रिश्तों की दीवारें
कभी टूटे हुए सब रिश्ते नाते याद आते हैं

अज़ीम[1] अफ़सानों को पढ़ने से जब दिल ऊब जाता है
सुनाती थीं जो दादी माँ वो क़िस्से याद आते हैं

कोई अब्रे-बहाराँ[2] जब गुज़र जाता है बिन बरसे
न जाने क्यों हमें उस बुत के वादे याद आते हैं

बुलंदी पर पहुँचने में सहारा जिनका लेते हैं
बुलंदी पर पहुँच कर कब वो ज़ीने याद आते हैं

तमाज़त[3] सख़्त है दश्ते-बला है और दीवाने
कहाँ है तू तिरी ज़ुल्फ़ों के साए याद आते हैं

दिले-नादाँ बहल जाता था जिनके रंगो-रोग़न से
'हफ़ीज़' अब तक वो मिट्टी के खिलौने याद आते हैं

1.महान 2.बसंत वायु 3.तीव्र ताप

❀

तेरा ख़याल तेरी तमन्ना लिए हुए
मैं ग़म की सरहदों से भी शादाँ[1] गुज़र गया

तिश्ना लबों पे और क़यामत गुज़र गई
बरसे बिना जो अब्रे-बहाराँ गुज़र गया

क्या क्या ख़याल आए दिले-ख़ुश-ख़याल[2] में
इक गुलबदन बग़ल से जो ख़ंदा[3] गुज़र गया

दरिया की ख़ामुशी में बला का ख़रोश[4] था
हम ये समझ रहे थे कि तूफ़ाँ गुज़र गया

क्या दे रहे हो अब उसे ईनामे-फ़िक्रो-फ़न
दुनिया से कोई बेसरो-सामाँ गुज़र गया

उस बेख़बर को उसकी ख़बर क्या हो ऐ 'हफ़ीज़'
हम पर जो हश्रे-ग़म शबे-हिज्राँ गुज़र गया

1.प्रसन्न 2.सुध्यानी 3.हर्षित 4.कोलाहल

❀

एक सीता की रिफ़ाक़त[1] है तो सब कुछ पास है
ज़िंदगी कहते हैं जिसको राम का बनवास है

मैं हूँ बदनामे-मुहब्बत आप मशहूरे-जफ़ा[2]
इक मिरी तारीख़ है इक आपका इतिहास है

पी गये दरिया मगर अब तक वही है तिश्नगी
क्या बताएँ ये हमारी प्यास कैसी प्यास है

सोच लेना फिर हमारे आशियाँ को फूँकना
घर तुम्हारा भी हमारे आशियाँ के पास है

उलझनें इतनी हैं दिल इतना परेशाँ है 'हफ़ीज़'
है भरी महफ़िल मगर तन्हाई का एहसास है

1.हितचिन्तन 2.अत्याचार

❀

शो'ला-ज़ारों को भी गुलज़ार[1] बना रक्खा है
हमने हर ग़म को ग़मे-यार बना रक्खा है

जो तिरी चश्मे-इनायत[2] ने जलाया था कभी
दिल के मेहराब में अब तक वो दिया रक्खा है

दादे-बेदादगरी[3] दें उसे दुनिया वाले
ज़ुल्म का नाम सितमगर ने वफ़ा रक्खा है

उड़ के जाएँ पए-ता'मीर नशेमन[4] तो कहाँ
अब तो हर शाख़ पे इक दामे-बला रक्खा है

चंद धब्बों के सिवा चंद शिगाफ़ों[5] के सिवा
चाँद को देख लिया चाँद में क्या रक्खा है

वो भी दे देंगे किसी दिन तुझे ऐ अर्ज़े-वतन[6]
कुछ लहू हमने रगे-जाँ में बचा रक्खा है

कर चुके नज़रे-जहाँ जो भी असासा[7] था 'हफ़ीज़'
घर में अपने लिए बस नामे-ख़ुदा रक्खा है

1.पुण्यवाािटका 2.कृपा दृष्टि 3.हिंसा की प्रशंसा 4.घर के निमार्ण के लिए 5.कमी/दरार 6.देश की भूमि 7.पूँजी

❀

वहाँ ख़ुश्बुओं के नगर बसे वहाँ रंगो-नूर बिखर गया
वो जहाँ-जहाँ हुआ जलवागर वो जिधर-जिधर से गुज़र गया

बड़ा हबसे-जाँ[1] था नफ़स[2]-नफ़स बड़ी तीरगी थी नज़र-नज़र
तिरी याद आई तो यूँ लगा मिरे दिल में चाँद उतर गया

वो जो रात-रात थे जागते सरे-शाम किसलिए सो गये
कोई हादसा तो नहीं कहीं मिरे दोस्तों पे गुज़र गया

तिरे लब पे फिर भी गिला है ये तिरा इंतिज़ार न कर सका
तिरी राह देखते-देखते कोई इस जहाँ से गुज़र गया

तिरा नक़्शे-पा[3] है जहाँ जहाँ उसे देख लूँ उसे चूम लूँ
यही शौक़ दिल में लिए हुए मैं ज़मीं से ता-ब-क़मर गया

ये तो अपना अपना नसीब है कोई शादमाँ कोई महवे-ग़म
तुझे मिल गई मय-लाला-गूँ[4] मिरा जाम अश्कों से भर गया

है दिलों में ख़ौफ़ कुछ इस क़दर कि रहा न कोई भी मो'तबर[5]
कभी मुझसे डर गया आईना कभी आईने से मैं डर गया

जो 'हफ़ीज़' पर है तिरा करम तुझे क्या हुआ निगहे-सनम
तिरी तमकिनत वो कहाँ गई वो तिरा ग़ुरूर किधर गया

1.प्राणयाय 2.जीव 3.पाँव के निशान 4.लाल शराब 5.विश्वस्त

❀

हर गोशा-ए-मयख़ाना में कुहराम बहुत है
शायद कि अभी तिश्नालबी आम बहुत है

बख़्शी है अगर तूने तो ऐ जाने-तग़ाफ़ुल[1]
तकलीफ़ उठाने में भी आराम बहुत है

वादे पे हो मौक़ूफ़[2] तो क्या साग़रे-जमशेद
मिल जाए तो मिट्टी का भी इक जाम बहुत है

फ़ुर्सत ही कहाँ हम को अदावत[3] के लिए अब
हम अहले-मुहब्बत हैं हमें काम बहुत है

ऐ काश ख़मोशी की ज़बाँ कोई समझता
उस बुत की ख़मोशी में भी पैग़ाम बहुत है

अल्लाह रे नादानी 'हफ़ीज़' अहले-ख़िरद[4] की
अंजाम से पहले ग़मे-अंजाम बहुत है

1.उपेक्षा प्राण 2.निर्भर 3.शत्रुता 4.बुद्धिमान

❀

वो आवाज़े-नफ़रत लगाई गई
मुहब्बत की सारी कमाई गई

कभी आग में और कभी दार पर
वफ़ा हर जगह आज़माई गई

बड़ी बर्क़पा[1] थी बड़ी तेज़ रौ[2]
जवानी इक आँधी थी आई गई

हमारे लहू की ज़रूरत पड़ी
उन्हें जब भी मेंहदी लगाई गई

सगे भाई हैं और मिलते नहीं
दिलों में वो दीवार उठाई गई

1.विद्युत् समान पाँव 2.द्रुतगामी

❁

आईना-ए-ख़ुलूसो-वफ़ा चूर हो गये
जितने चिराग़े-नूर थे बेनूर हो गये

मालूम ये हुआ कि वो रस्ते का साथ था
मंज़िल क़रीब आते ही हम दूर हो गये

कुछ आ गई हम अहले-वफ़ा में भी तमकिनत[1]
कुछ वो भी अपने हुस्न पे मग़रूर हो गये

साक़ी तिरी निगाह पे रहमत ख़ुदा की हो
हम सारी उम्र के लिए मख़मूर[2] हो गये

चारागरों की ऐसी इनायत हुई 'हफ़ीज़'
जो ज़ख़्म भर गये थे वो नासूर हो गये

1.शक्ति 2.उन्मादित

❀

हम हुस्ने-नज़र वाले फ़न अपना दिखाएँगे
पत्थर को तराशेंगे आईना बनाएँगे

जागे कोई या सोए ये उसका मुक़द्दर है
हम जागते रहियों की आवाज़ लगाएँगे

हर पेड़ नहाएगा जब प्यार की बारिश में
वो हँसते हुए मौसम कब लौट के आएँगे

फ़ितरत वो तुम्हारी है शेवा ये हमारा है
तुम आग लगाओगे हम आग बुझाएँगे

तहज़ीबे-वफ़ा[1] हमसे छूटी है न छूटेगी
दुश्मन भी मिलेगा तो सीने से लगाएँगे

1.निर्वाह सभ्यता

❀

इश्क़ करते तो अज़ाबों में बसर हो जाती
ज़िंदगी ख़ानाख़राबों[1] में बसर हो जाती

तेरे वादों पे भरोसा न किया ठीक किया
वर्ना ये उम्र सराबों में बसर हो जाती

मेरी जलती हुई आँखों पे वो रख देते जो हाथ
रात मस्ती से फिर ख़्वाबों में बसर हो जाती

तेरे पहलू में जो थोड़ी सी जगह मिल जाती
उम्र काँटों की गुलाबों में बसर हो जाती

हम ग़ज़ल कहते तुझे देख के ऐ जाने-ग़ज़ल
ज़ीस्त रंगीन किताबों में बसर हो जाती

1.उजड़े हुए

तन्हाई भी अज़ाब है महफ़िल भी दोस्तो
आराम की नहीं कोई मंज़िल भी दोस्तो

मौजे-बला से बच के कहाँ जा रहे हो तुम
मौजे-बला की ज़द[1] में है साहिल भी दोस्तो

क्या जाने कितनी बार लुटा और फिर बसा
दिल्ली से कम नहीं है मिरा दिल भी दोस्तो

फ़स्ले-बहार अब के अजब गुल खिला गई
रोए है अश्के-ख़ूँ मिरा क़ातिल भी दोस्तो

कब तक किसी की ज़ुल्फ़ सँवारा करेंगे हम
हैं ज़िंदगी में और मसाइल भी दोस्तो

1.निशाना

❀

हाथ दुनिया से धो के देखते हैं
सब से बेगाना हो के देखते हैं

यूँही मौजों को कुछ क़रार आए
अपनी कश्ती डुबो के देखते हैं

तुझको पाकर तो कुछ मिला न हमें
ज़िंदगी तुझको खो के देखते हैं

ये भी इक शक्ले-शादमानी[1] है
ग़ैर के ग़म में रो के देखते हैं

एक बारे-गिराँ सही हस्ती
और कुछ रोज़ ढो के देखते हैं

जाने हम किस दयार में हैं 'हफ़ीज़'
हर क़दम पर जो धोके देखते हैं

1.प्रसन्नता का रूप

❀

दस्तार[1] गिर गई तो हमें इसका ग़म नहीं
मक़तल से सर बचा के हम आए ये कम नहीं

दिलदादगाने-शौक़[2] का ये ज़र्फ़[3] देखिए
सीना है दाग़-दाग़ मगर आँख नम नहीं

बस एक शर्त है कि मिले तेरे हाथ से
इक बूँद भी मिले तो समुंदर से कम नहीं

दीवाने भी सँभल गये संजीदा हो गये
गेसू-ए-यार में भी वो पहले से ख़म[4] नहीं

कहिए वही कहानी जो है अनकही 'हफ़ीज़'
लिखिए वो दास्ताँ जो अभी तक रक़म नहीं

1.पगड़ी 2.प्रेमी 3.साहस 4.वक्र

❁

वो ज़रा-सा मुस्कुरा कर जो अभी गुज़र गये हैं
इसी बात पर न जाने यहाँ कितने मर गये हैं

न हमारा कोई रहबर न हमारी कोई मंज़िल
जहाँ दिल ठहर गया है वहीं हम ठहर गये हैं

मिरे साथ ही चले थे रहे-शौक़ में वो लेकिन
मैं बिखर बिखर गया हूँ वो सँवर सँवर गये हैं

ये अजीब माजरा है कि चढ़ी हुई नदी में
जिन्हें डूबना था यारो वही पार उतर गये हैं

कोई नौ-ब-नौ[1] इनायत कोई ताज़ातर नवाज़िश
मिरे क़ातिलों से कह दो मिरे ज़ख़्म भर गये हैं

ये 'हफ़ीज़' सब से कह दो सरे-दामने-गुलिस्ताँ[2]
वो बहार तक न पहुँचे जो ख़िज़ाँ से डर गये हैं

1.नयी-नयी 2.पुष्पोघाव के आँचल के सामने

❀

एक जलवा एक मंज़र आइना दर[1] आइना
मुख़्तलिफ़ रंग एक पैकर आइना दर आइना

देखने वालो कभी उसको भी देखो इक नज़र
है जमाले-आइनागर[2] आइना दर आइना

साज़ दर साज़ इक सदाए-दिलख़राशो-दिल-फ़गन[3]
रक़्स-फ़र्मा[4] ग़म का साग़र आइना दर आइना

आइना-ख़ानों में भी जाते हुए डरता है जी
है वो आसेबों का लश्कर आइना दर आइना

हैं बहुत से और भी मंज़र हमारे मुंतज़िर
आप देखें अपना पैकर आइना दर आइना

चेहरे कुम्हलाए हुए बेनूर आँखों के चराग़
शबगज़ीदा[5] सारे मंज़र आइना दर आइना

मुद्दतें गुज़रीं कि हम नमदीदा हैं लेकिन 'हफ़ीज़'
ख़ंदाज़न[6] है वो सितमगर आइना दर आइना

1.अन्तर्गत 2.दर्पण बनाने वाले का सौन्दर्य 3.हृदय विदारक 4.नृत्य में लीन 5.रात का डसा हुआ 6.हर्षित

दो दिनों की अंजुमन-आराइयाँ[1]
फिर वही हम फिर वही तन्हाइयाँ

नेक-नामी क़िस्मते-अहले-हवस
इश्क़ की तक़दीर में रुस्वाइयाँ

दिल की हर इक चोट ताज़ा हो गयी
यूँ चली हैं दर्द की पुरवाइयाँ

क़तरा-क़तरा एक बहरे-बेकराँ[2]
अलअमाँ[3] ये ज़ीस्त की गहराइयाँ

दूर ही से उसको सुनना चाहिए
दिलनशीं हैं दूर की शहनाइयाँ

कौन पकड़े अपनी मुठ्ठी में 'हफ़ीज़'
लम्हा-लम्हा भागती परछाइयाँ

1.सभा की सज्जा 2.विशाल सागर 3.त्राहि त्राहि

❀

इक ख़ता उन से भी हो गयी है इक ख़ता हम से भी हो गयी है
इस ख़ता की इनायत न पूछो ज़िंदगी ज़िंदगी हो गयी है

सौ चिराग़ अंजुमन में जले थे फिर भी एहसास था तीरगी का
दिल जलाया है हमने जब अपना हर तरफ़ रौशनी हो गयी है

था मना उनकी चौखट पे झुकना हमने नज़रों से सज्दे गुज़ारे
बंदगी का मज़ा अब न पूछो बंदगी बंदगी हो गयी है

ये असर कब था मेरी नवा में सोज़ कब था ये मेरी सदा में
इस क़दर चोट खाई है दिल पर शाइरी शाइरी हो गयी है

वाक़ि'इय्यत[1] का दावा बहुत था वाक़िफ़ियत[2] न थी कुछ भी हम को
हम ख़ुदा आशना हो गये हैं जब से ख़ुद-आगही हो गयी है

दौरे-राहत में सब आश्ना थे कोई चेहरा पराया नहीं था
ग़म की घड़ियों में किसको पुकारें हर नज़र अजनबी हो गयी है

हाए क्या मंज़रे-दिलशिकन है हर तरफ़ तिश्नगी है थकन है
साया- साया पुकारे है दुनिया धूप इतनी कड़ी हो गयी है

1.सत्यता 2.ज्ञान

❀

रोज़ अपनी रविश[1] बदल न सके
हम ज़माने के साथ चल न सके

तेरे वादे बहुत हसीं थे मगर
तेरे वादों से हम बहल न सके

क्यों उसे मौजे-ज़िंदगी कहिए
जो रगे-संग[2] से उछल न सके

हो गयी हम से इक ख़ता ऐसी
लाख सँभले मगर सँभल न सके

वो चराग़ और थे हमारे न थे
जो चराग़ आंधियों में जल न सके

राज़ बन कर रहे दिलों में 'हफ़ीज़'
कितने ग़म आँसुओं में ढल न सके

1.गतिविधि 2.पत्थर की नाड़ी

❁

क्या कहानी सुना गया बादल
आज हमको रुला गया बादल

आया और आते ही हुआ रुख़सत
आग दिल में लगा गया बादल

जो न करना था वो भी कर बैठे
हमको अंधा बना गया बादल

इतना बरसा कि आ गया सैलाब
खड़ी फ़स्लों को खा गया बादल

मस्त रहना बरसना खुल जाना
हमको जीना सिखा गया बादल

❀

ज़्यादा इल्म भी गुमराही का सामान होता है
बहुत अक़्लो-ख़िरद[1] वाला बड़ा नादान होता है

ख़ुदा की अज़मतों[2] का भी उसी को ज्ञान होता है
वो इंसाँ जिसको अपनी ज़ात का इरफ़ान[3] होता है

इसी बाइस[4] लगा लेता हूँ बुतख़ानों के भी चक्कर
बुतों को देख कर ताज़ा मिरा ईमान होता है

तिरी यादों के जुगनू जब हमारे साथ होते हैं
अँधेरी रात भी हो तो सफ़र आसान होता है

कहानी याद आए है हमें अपने उजड़ने की
बहारों में किसी का घर अगर वीरान होता है

1.बुद्धिमान 2.महानता 3.ज्ञान 4.कारण

इक जाम के लिए कहीं सज्दा न कर सके
हम अपनी प्यास को कभी रुस्वा न कर सके

कुछ आइने ख़फ़ा हैं मगर तेरे ख़ुश नज़र
ख़ुश हैं कि ख़ुश निगाही का सौदा न कर सके

उनसे भी मेरे दर्द का दरमाँ[1] न हो सका
अच्छा यही हुआ कि वो अच्छा न कर सके

शोहरा बहुत था उनकी मसीहाई का मगर
वो भी इलाजे-ज़ख़्मे-तमन्ना न कर सके

मश्शातगी -ए- ज़ुल्फ़े - जहाँ[2] में लगे रहे
दीवाने अपने ग़म का मदावा न कर सके

दिल के मुआमलात में क्या ऐतबारे-ग़ैर
हम अपने आप पर भी भरोसा न कर सके

अहबाब का सुलूक हमें याद था 'हफ़ीज़'
हम दुश्मनों का शिकवा-ए-बेजा[3] न कर सके

1.उपचार 2.संसार के केश को संवारना 3.व्यर्थ निन्दा

❀

हर साँस में है गेसू-ए-दिलदार की ख़ुशबू
ज़ंजीर से बाँधी न गयी प्यार की ख़ुश्बू

इन ताज़ा गुलाबों की महक भी नहीं कुछ कम
है और मगर पैरहने-यार की ख़ुशबू

दीवार तो मसनूई[1] है क्या रोक सकेगी
इस पार चली आती है उस पार की ख़ुशबू

मुद्दत हुई मेहमाँ था कोई घर में हमारे
जाती नहीं अब तक दरो-दीवार की ख़ुशबू

बारूद की बू सहने-गुलिस्ताँ में न पहूँचे
मस्मूम[2] न हो अपने चमनज़ार की ख़ुशबू

ऐ जाने-चमन जाने-सुख़न बात तो जब है
बस जाए दिलों में तेरे किरदार की ख़ुशबू

इख़्लासो-मुहब्बत से जिन्हें प्यार बहुत है
ले जाओ वहाँ तुम मिरे अशआर की ख़ुशबू

1.कृत्रिम 2.विषाक्त

❀

बहुत अच्छा है नक़्शा बामो-दर का
मगर मत पूछिएगा हाल घर का

ज़माने को दिखाते थे जो रस्ता
पता वो पूछते हैं अपने घर का

दिवाने हैं सभी गुल-हाए-तर[1] के
किसे ग़म है यहाँ सूखे शजर का

बिसाते-माहो-अंजुम कुछ नहीं है
तमाशा है फ़क़त ये रात भर का

तेरा रू-ए-हसीं देखा है जब से
मैं दीवाना हूँ ख़ुद अपनी नज़र का

ये काली शब ये कू-ए-मय-फ़रोशाँ[2]
जनाबे-शैख़ इरादा है किधर का

वहाँ हम को बसीरत[3] क्यों मिली है
जहाँ फुक़दान[4] है अहले-नज़र[5] का

न छेड़ो दास्ताने-शामे-हिज्राँ[6]
ज़माना है हदीसे-मुख़्तसर[7] का

1.संजल पुण्य 2.मद्य विक्रेता की गली 3.अंतर्द्रष्टि 4.अभाव 5.द्दष्टिवान 6.विरह की संध्या कहानी 7.संक्षिप्त कथन

❀

किस आइने की ज़बाँ पर मिरा बयान न था
मैं इक हक़ीक़ते-रौशन था दास्तान न था

मिरे लहू से दरख़्शाँ[1] था हर मकान मगर
मैं इक चराग़ था मेरा कोई मकान न था

सब आज़माइशें अहले-वफ़ा की ख़ातिर थीं
सितमगरों के लिए कोई इम्तिहान न था

मुझे बचा लिया जिसने हर इक तमाज़त से
शफ़ीक़ माँ की दुआएँ थीं साएबान न था

ख़िलाफ़े-ज़ुल्म मगर इक ज़बान भी न खुली
मज़ा तो है यहाँ कोई भी बेज़बान न था

जहाँ भी पहुँचे वहीं इक बला थी पेशे-नज़र
ज़मीन कौन सी थी जिस पे आसमान न था

1.दीप्तिमान

दरीचे खोलते हैं राज़ क्या-क्या
कहे है वो निगाहे-नाज़[1] क्या-क्या

वो पत्थर दिल भी पानी हो गया है
दिखाए इश्क़ ने एजाज़[2] क्या-क्या

मुख़ातिब[3] था मैं इक ज़ोहराजबीं[4] से
लगायी यारों ने आवाज़ क्या-क्या

करिश्मा है ये तेरी दोस्ती का
हुए दुश्मन मिरे हमराज़ क्या-क्या

बहुत खोले गये फिर भी रफ़ीक़ो[5]
निहाँ हैं ज़िंदगी के राज़ क्या-क्या

नहीं बाक़ी तवानाई[6] परों में
मगर है आज भी परवाज़ क्या-क्या

चुभोते रहते हैं निश्तर जिगर में
'हफ़ीज़' अपने भी हैं दमसाज़[7] क्या-क्या

1.हाव दृष्टि 2.चमत्कार 3.सम्बोधित 4.रूपवान 5.मित्र 6.शक्ति 7.सहायक

❀

काम आए शबे-ग़म अश्क हमारे कितने
इन अँधेरों में भी रौशन हैं सितारे कितने

आओ देखें तो ज़रा चीर के सीना उनका
इन्हीं मौजों में हैं रूपोश[1] कनारे कितने

वक़्त के हाथों ज़मींबोस[2] हुए कितने महल
ख़ाक और ख़ूँ में मिले राज दुलारे कितने

रंग और नस्ल के झगड़े कहीं मज़हब का जुनूँ
सरे-गुलशन अभी रक़साँ हैं शरारे कितने

बस यही सोच के कुछ दिल को सुकूँ मिलता है
हैं हमारी ही तरह दर्द के मारे कितने

बन गये अहले-ख़िरद के लिए जो मिशअले-राह[3]
तेरे दीवानों ने नक़्श[4] ऐसे उभारे कितने

1.निहित 2.धरती पर आ गिरे 3.पथदीप 4.चिन्ह

❀

इक मादरे-मुशफ़िक़ की दुआ ले के चले हैं
हम धूप में रहमत की घटा ले के चले हैं

अल्लाह बचाए उन्हें दुनिया की नज़र से
जो शोख़ी-ए-रफ़्तारे-सबा[1] ले के चले हैं

रस्ते में किसी से भी उन्हें काम नहीं है
क़ातिल तो मिरे घर का पता ले के चले हैं

क्या लोग हैं क्या हौसला है उनके दिलो में
तूफ़ाँ के मुक़ाबिल जो दिया ले के चले हैं

ऐसे भी मुसाफ़िर हैं सरे-राहे-तमन्ना[2]
जो घर से फ़क़त नामे-ख़ुदा ले के चले हैं

होंटों पे फ़ुग़ाँ दिल में कसक आँख में आँसू
जो भी तिरी महफ़िल से मिला ले के चले हैं

पत्थर के जिगर में भी उतर जाएँगे हम लोग
शाइर हैं मुहब्बत की सदा ले के चले हैं

1.प्रातःपवन की चंचलता 2.इच्छा पथ पर

❀

हँसी गुलों ने उड़ाई, कली ने तंज़[1] किया
जुनूँ की जामादरी पर सभी ने तंज़ किया

कभी हँसे तो दिवाना कहा गया हमको
जो होंट सी लिए ख़ंदालबी[2] ने तंज़ किया

जो पीना छोड़ दिया मयकशों ने चुटकी ली
हरमनशीं जो हुए शैख़ जी ने तंज़ किया

बक़द्रे-ज़र्फ़[3] किया सबने अहले-दिल से सुलूक
किसी ने दादे-वफ़ा दी किसी ने तंज़ किया

हमारे ग़म की दवा तो न दे सका कोई
हमारे हाल पे हर आदमी ने तंज़ किया

जो ज़ुल्फ़े-यार को छू कर चली नसीमे-सहर
हर एक गाम पे आवारगी ने तंज़ किया

दुआ के हर्फ़ से दिल का न वास्ता था कोई
मिली जो बेअसरी बंदगी ने तंज़ किया

दयारे-संग में तीशा-बदस्त[4] रहना था
मिरी शिकस्त पे शीशागरी ने तंज़ किया

'हफ़ीज़' जिससे कुछ उम्मीदे-ग़मगुसारी[5] थी
ग़मों की धूप में हम पर इसी ने तंज़ किया

1.व्यंग्य 2.प्रहसन ओष्ठ 3.साहस के अनुरूप 4.हाथों में बसोला 5.संवेदना की आशा

❀

सागरे-अय्याम[1] में अश्के-अलम[2] ही क्यों न हो
मुस्कुराकर पीजिए ज़हराबे-ग़म[3] ही क्यों न हो

कब निकलती है दिले-बर्बाद से यादे-बुताँ
रहगुज़ारे-काबा हो कू-ए-हरम ही क्यों न हो

बेदिली के साथ मत रखिए कहीं अपना क़दम
हो के ख़ुश तय कीजिए राहे-अदम[4] ही क्यों न हो

मो'तबर कुछ भी नहीं दौरे-शिकस्तो-रेख़्त में
टूट जाती है मुहब्बत की क़सम ही क्यों न हो

हर चमकती शै ज़रे-ख़ालिस नहीं होती 'हफ़ीज़'
देखिए नज़दीक से रू-ए-सनम ही क्यों न हो

1.काल मय पात्र 2.दुख के आँसू 3.शोक का विष 4.अनस्तित्व का पथ

हिसारे-ज़ात[1] के दीवारो-दर में क़ैद रहे
तमाम उम्र हम अपने ही घर में क़ैद रहे

जो ज़हर पी न सके तल्ख़ी-ए-हक़ाइक़[2] का
हमेशा एक ख़याली नगर में क़ैद रहे

ज़े शाम-ता-ब-सहर डूबना उभरना था
अजीब जलवे मेरी चश्मे-तर में क़ैद रहे

मैं उनको लफ़्ज़ो-बयाँ की क़बा न दे पाया
ख़याल कितने थे जो मेरे सर में क़ैद रहे

नज़र से आगे की उनको ख़बर न हो पाई
जो लोग हल्क़ा-ए-दामे-नज़र में क़ैद रहे

दिले-'हफ़ीज़' ये बन्दिश क़ुबूल कर न सका
कि एक गेसू-ए-अंबर-असर[3] में क़ैद रहे

1.व्यक्तित्व का प्राचीर 2.सत्य की कटुता 3.सुगन्धित

❀

तिरा ख़याल तिरा ग़म हमारे साथ रहा
हर एक ज़ख़्म का मरहम हमारे साथ रहा

है उसके जिस्म की ख़ुशबू हमारे तन मन में
ये और बात वो कम कम हमारे साथ रहा

किसी के साथ बहुत देर तक न रह पाया
अजब मिज़ाज का मौसम हमारे साथ रहा

हमारा तीर था लेकिन हमीं हदफ़ भी थे
अजीब हादसा-ए-ग़म हमारे साथ रहा

स्याह-बख़्ती[1] नहीं है ये ख़ुशनसीबी है
'हफ़ीज़' रोज़ नया ग़म हमारे साथ रहा

1.बुरा भाग्य

❁

गुलाबी था हर इक लम्हा हर इक मौसम सुहाना था
मुहब्बत को ख़ुदा बख़्शे हमारा भी ज़माना था

ग़ज़ल कहते रहे लेकिन ग़ज़ल कहना बहाना था
हमें तो इक सनम को हाले-दिल अपना सुनाना था

यही मौसम था जब ज़ंजीर पहनाई गई हमको
खिले थे फूल गुलशन में बहारों का ज़माना था

जला दीं कश्तियाँ हमने ख़ुदा हाफ़िज़ कहा सबको
कि हर मौजे-हवादिस[1] को हमें साहिल बनाना था

वगरना शाख़े-गुल जलती न ये रक़्से-शरर होता
हमारे बाग़बाँ का बिजलियों से दोस्ताना था

ज़ियारत करने आए हैं निशाँ बतलाओ कुछ उसका
इसी पत्थर की बस्ती में कल इक आइना-ख़ाना था

हमें किस किस से लड़ना था जनाबे-शेख़ क्या जानें
सनमख़ाना था दिल अपना ख़ुदा ख़ाना बनाना था

तुम्हें देखा तो उसके ख़ालो-ख़त[2] से भी हुए वाक़िफ़
वगरना ज़िन्दगी से बस तआरुफ़ ग़ाएबाना था

मैं इक आवारा बादल था वो मेरा साथ क्या देता
वो इक पंछी था उसको शाम तक घर लौट आना था

1.घटना तरंग 2.चेहरा

❀

जहाँ सबको तलाशे-ज़िन्दगी है
वही तो मेरे क़ातिल की गली है

बुरी है ज़िन्दगानी या भली है
मुहब्बत कीजिए जब मिल गयी है

जिसे देखो उसे अपनी पड़ी है
यही शायद क़यामत की घड़ी है

उठाता क्यों नहीं कन्धे पे कोई
सड़क पर लाश ये किसकी पड़ी है

शजर सारे फ़सुर्दा हो गए हैं
मगर इक शाख़े-ग़म है जो हरी है

परेशाँ हाल है सारा ज़माना
न जाने कौन-सी शै खो गयी है

❀

क़बा-ए-ताज़ा पहनाई गयी है
पुरानी बात दुहराई गयी है

मसर्रत से न जब हासिल हुआ कुछ
तबीअत ग़म से बहलाई गयी है

ख़ता सरज़द हुई औरों से लेकिन
हमें ज़ंजीर पहनाई गयी है

वही हम हैं वही है शामे-ग़म भी
न तुम आए न तन्हाई गयी है

जहाँ मेरी रसाई हो न पाई
वहाँ भी मेरी रुसवाई गयी है

इन आँखों में अभी सहबा बहुत हैं
अगरचे रोज़ छलकाई गयी है

❀

साक़ी तिरे मस्तों का आलम ही बदल जाए
सहबा-ए-नज़र[1] भी कुछ साग़र में जो ढल जाए

नामूसे-गुलिस्ताँ[2] पर हर चीज़ निछावर है
क्या ग़म है नशेमन का जलता है तो जल जाए

तक़दीर का रोना क्या ऐ बे-अमलो उठ्ठो
तदबीर करो ऐसी तक़दीर बदल जाए

साक़ी है वही साक़ी जो थाम ले गिरतों को
मयकश है वही मयकश जो गिर के सँभल जाए

हुशियार हुए तुम तो हुशियार ही अब रहना
दुश्मन है बड़ा शातिर[3] फिर चाल न चल जाए

नग़माते-मुहब्बत में है सोज़[4] 'हफ़ीज़' ऐसा
इंसान का दिल क्या है आहन[5] भी पिघल जाए

1.नज़र की शराब 2.पुष्पवाटिका की मर्यादा 3.चतुर 4.ज्वलन 5.लौह

❀

लुटा कर रहगुज़ारे-शौक़ में घर बार बैठे हैं
निहायत शादमाँ फिर भी तिरे बीमार बैठे हैं

मगर कोई नहीं ऐसा जो मरने पर हो आमादा
सब अपनी ज़िंदगी से हो के याँ बेज़ार बैठे हैं

ख़ुदा जाने वो बुत क्या है कि जिसके इक इशारे पर
हज़ारों जान देने के लिए तैयार बैठे हैं

न ये दुनिया हमारी है न वो दुनिया हमारी है
किसी की चाह में हम दोनों आलम हार बैठे हैं

जो हैं महरूमे-ख़ुशज़ौक़ी[1] है उन पर जलवों की बारिश
मगर जो ख़ुशनज़र[2] हैं तिश्ना-ए-दीदार[3] बैठे हैं

'हफ़ीज़' अपनी शबे-ग़म है किसी की याद से रौशन
अँधेरों में लिये हम शम'अ-ए-पुरअनवार[4] बैठे हैं

1.प्रसन्नचित से वंचित 2.अच्छी दृष्टि वाले 3.दर्शन के प्यासे 4.अच्छी दृष्टि वाले

❀

शहरे-तरब[1] में ग़म का ख़रीदार मैं ही था
सब पारसा[2] थे एक गुनहगार मैं ही था

क़ीमत तिरी लगा के मैं नादार[3] हो गया
वर्ना जहाने-शौक़ में ज़रदार[4] मैं ही था

उसने तकल्लुफ़ात की चादर समेट ली
उसकी नज़र में लाइक़े-दीदार मैं ही था

बातिल[5] के साथ साथ थे बातिल-परस्त लोग
तन्हा सदाक़तों[6] का तरफ़दार मैं ही था

अब लाइक़े-सितम भी मैं बाक़ी नहीं रहा
कल तक तिरे करम का सज़ावार मैं ही था

मैं सारी उम्र इससे नबर्द-आज़मा[7] रहा
अपनी अना से बरसरे-पैकार[8] मैं ही था

हक़ की सदा लगाई जो बेख़ौफ़ो-बेख़तर
मंसूर की तरह से सरे-दार मैं ही था

सबने बड़े ही शौक़ से मुझको पढ़ा 'हफ़ीज़'
गोया कि ताज़ा सुब्ह का अख़बार मैं ही था

1.सुख का नगर 2.सदाचारी 3.निर्धन 4.धनी 5.असत्य 6.सत्यता 7.युद्ध में लीन 8.युद्ध में व्यस्त

❀

सू-ए-मयख़ाना तिरे रिन्दे-ख़ुश-अन्जाम चले
चल सके साथ तो अब गर्दिशे-अय्याम[1] चले

कुछ तो बे-कैफ़ी-ए-महफ़िल में कमी आएगी
न चले जाम अगर तज़किरा-ए-जाम चले

जादा-ए-इश्क[2] है बाज़ी गहे-इतफ़ाल[3] नहीं
थक गए कितने जो इस राह में दो गाम चले

दिल में ज़ख़्मों के कँवल, लब पे तरब-ज़ार-ग़ज़ल[4]
बज़्मे-ख़ूबाँ[5] से लिये हम अजब ईनाम चले

आज गुलशन में उजाले का कहीं नाम नहीं
कोई जुगनू ही चमक जाए तो कुछ काम चले

तेरे दिवानों की सरमस्ती-ओ-रिन्दी[6] न गई
सू-ए-मक़तल भी ये रक़्साँ सिफ़ते-जाम[7] चले

अब्रे-बाराँ[8] भी है साक़ी का इशारा भी 'हफ़ीज़'
कम से कम आज तो दौरे-मय-ए-गुलफ़ाम[9] चले

1.काल चक्र 2.प्रेमपथ 3.बच्चों का खेल 4.प्रसन्नता जनक 5.रूपवानों की सभा 6.आनन्द 7.मदिरा पात्र की तरह 8.वर्षा मेघ 9.फूल के रंग वाली शराब

❀

ज़िन्दगी रक़्स में है मौज-ए-तूफ़ाँ के क़रीब
कौन कमबख़्त रहे साहिले-वीरां के क़रीब

ग़ैरते-इश्क ने ये राज़े-निहाँ खोल दिया
दर्द वो है जो न जाए कभी दरमाँ[1] के क़रीब

बात करने का सलीक़ा तो कम-अज़-कम आता
काश रहते मिरे नासेह![2] किसी इन्साँ के क़रीब

ज़ुल्फ़ में आयी नज़र वक़्त के माथे की शिकन
खींच लाया ग़मे-जानाँ ग़मे-दौराँ के क़रीब

कोई क़ैदी तो नहीं तोड़ के ज़ंजीर चला
देखना शोर ये क्या है दरे-ज़िन्दाँ[3] के क़रीब

रास्ता भूल गई बादे-बहारी शायद
वर्ना क्यों आए तेरे चाकगरीबाँ[4] के क़रीब

रात अब रख़्ते-सफ़र[5] बाँध रही है अपना
दोस्तो आ गए हम सुब्हे-दरख़्शाँ[6] के क़रीब

हिस्सा-ए-कैफ़े-बहाराँ[7] की पड़ी है सबको
और बिजली है कि रक़्साँ है गुलिस्ताँ के क़रीब

दरो-दीवार हैं क्यों रु-कशे-अनवार[8] 'हफ़ीज़'
कौन आया है मरीज़े-शबे-हिज्राँ के क़रीब

1.औषधि 2.उपदेशक 3.कारागार का द्वार 4.विर्दीण गला 5.यात्रा सामग्री 6.प्रकाशित 7.बसंत की मादकता 8.आलोकित

❀

तसलीम[1] के अब तू सितम ईजाद[2] नहीं है
बेदाद ये क्या कम है कि बेदाद नहीं है

तुम वादा-शिकन[3] कहने पे क्यों इतने खफ़ा हो
इक याददहानी है ये फ़रियाद नहीं है

बाज़ू भी है तीशा भी है शीरीं की तलब भी
सब कुछ है मगर अब दिले-फ़रहाद नहीं है

अफ़सोस तो ये है कि हमें क़त्ल भी करके
क़ातिल के घराने में कोई शाद नहीं है

वो दिल के जिसे तेरी मुहब्बत ने मिटाया
बर्बाद भी होते हुए बर्बाद नहीं है

किस मुँह से करें उनके तग़ाफ़ुल[4] की शिकायत
ख़ुद हमको मुहब्बत का सबक़ याद नहीं है

दुश्वार कि रास आए 'हफ़ीज़' अहले-जुनूँ को
वो बाग़ जहाँ घात में सैयाद[5] नहीं है

1.स्वीकार 2.अत्याचारी 3.वादा तोड़ने वाला 4.उपेक्षा 5.आखेटक

❀

ला-मकाँ तक चली जाए कि मकाँ तक पहुँचे
मैं फ़ुग़ाँ करता हूँ आवाज़ जहाँ तक पहुँचे

अक़्ल वालों का तस्व्वुर भी जहाँ तक न गया
हम मुहब्बत के तवस्सुत से वहाँ तक पहुँचे

हाए वो-राज़, वो इक राज़े-मुहब्बत ऐ दोस्त
जो न दिल ही में रहे और न ज़बाँ तक पहुँचे

सैकड़ों वादी-ए-पुरख़ार से होकर गुज़रे
तब कहीं अनजुमने-लाला रुख़ाँ तक पहूँचे

बात जब थी कि निहाँ ख़ाना-ए-दिल[1] तक जाते
क्या हुआ तुम जो सितारों के जहाँ तक पहुँचे

इक ज़रा देर असीरे-ग़मे-दौराँ[2] थे हफ़ीज़
फिर उसी दुश्मने-दीं दुश्मने-जाँ तक पहुँचे

1.दिल के घर तक 2.मिल के दुख का बंदी

❀

वक़्त आया है नये ग़म नयी ज़ंजीर लिये
तुम भी आ जाओ ज़रा ज़ुल्फ़े-गिरहगीर लिये

देखना ये है कहाँ वक़्त का सर झुकता है
हम हैं पैमाना बकफ़ आप हैं शमशीर लिये

मेरा चेहरा ही नहीं आइना-ए-दर्दे-हयात
उनके माथे की शिकन भी है ये तहरीर लिये

हमने जिन ख़्वाबों को ख़ूने-रगे-जाँ बख़्शा है
वक़्त कब आएगा उन ख़्वाबों की ताबीर लिये

कस्रे-ख़ुसरो[1] से कहो ख़ैर मनाए अपनी
नये फ़रहाद उठे तेशा-ए-तामीर[2] लिये

आख़िरश दूर गया रात का दैरीना[3] फ़ुसूँ
वो सहर आयी 'हफ़ीज़' इक नयी तस्वीर लिये

1.रूपवान के भवन 2.निमार्ण का बसौला 3.चिरकालीन

❀

फ़स्ले-गुल में भी यारो इक फ़सुर्दगी सी है
रंगे रुख़ उड़ा सा है शम'अ-ए-दिल बुझी सी है

एक उम्र गुज़री है उसकी आशनाई में
शक्ले-ज़िन्दगी यारो फिर भी अजनबी सी है

किसने चोट पहुँचाई क्या हुआ उन्हें यारब
उन हसीन आँखों में आज क्यों नमी सी है

क्या किसी नशेमन पर फिर कोई बला आई
देखना ये गुलशन में कैसी रौशनी सी है

या कुसूरे-बादा है या कुसूरे-पैमाना
पी रहे हैं मुद्दत से फिर भी तिश्नगी सी है

❀

प्यास का इक दश्त ज़ेरे-आस्माँ[1] रह जाएगा
ख़ुद समुन्दर एक दिन तिश्ना-दहाँ रह जाएगा

दिल पे दाग़े-इल्तफ़ाते-दोस्ताँ[2] रह जाएगा
ज़ख़्म तो भर जाएगा लेकिन निशाँ रह जाएगा

हमको अपनी ना-रसाई[3] याद आएगी बहुत
रास्ते में जब किसी का कारवाँ रह जाएगा

तुम मिटा कर भी मुझे रह जाओगे बे-नंगो-नाम
ज़िक्र मेरा दास्ताँ-दर-दास्ताँ रह जाएगा

बे-यक़ीनी को अगर मिलता रहा यूँही फ़रोग़[4]
आदमी ज़िंदानी-ए-वहमो-गुमाँ[5] रह जाएगा

बुझते-बुझते एक दिन सारे दिये बुझ जाएँगे
इक घुटन रह जाएगी बस इक धुआँ रह जाएगा

दोस्त मेरे दूर से देखेंगे ये मंज़र' हफ़ीज़'
जिस्म मेरा क़ातिलों के दरमियाँ रह जाएगा

1.आकाश के नीचे 2.मित्रों की आकृष्टि 3. पीछे रह जाना 4.उन्नति 5.भ्रम

❀

कितनी वीरान है गुलशन की फ़ज़ा मेरे बाद
ख़ाक उड़ाती हुई फिरती है सबा मेरे बाद

कौन अब ख़ूने-जिगर नज़्र करे है यारो
क्यों न बेरंग हो फूलों की क़बा मेरे बाद

हाए अब उनको मुहब्बत का ख़याल आया है
पूछते हैं वो मिरे घर का पता मेरे बाद

मेरे ही वास्ते सब ज़ुल्मो-सितम थे शायद
बन्द है सिलसिल-ए-ज़ोरो-जफ़ा मेरे बाद

कोई तूफ़ान से अब खेलने वाला न रहा
पीटती फिरती है सर मौजे-बला मेरे बाद

कौन अब साक़ी-ए-महफ़िल का इशारा समझे
है किसे हौसला-ए-लग़्ज़िशे-पा[1] मेरे बाद

पाँव में मसलहते-वक़्त[2] की ज़ंजीरें हैं
दश्त में कोई नहीं आबला पा मेरे बाद

जाम चलते नहीं चलती है अब आपस में 'हफ़ीज़'
मैकदा अर्सा-ए-पैकार[3] हुआ मेरे बाद

1.पैरों के विचलन का साहस 2.समय का हित 3.युद्ध स्थल

❁

झुकाएँ सज्दा-ए-शुकराना में जबीनों[1] को
बुतों ने याद किया है हरम-नशीनों को

हमारे ही लिए उन पर कोई मुक़ाम नहीं
फ़लक जनाब[2] किया हमने जिन ज़मीनों को

फ़ज़ा-ए-मैकदा मक़तल से हम-कनार हुई
लहू से कर दिया किसने ये आबगीनों[3] को

मता-ए-ग़म के भी पीछे पड़ी है इक दुनिया
बहुत बचा के रखो दर्द के दफ़ीनों[4] को

'हफ़ीज़' हुमर्ते-मयख़ाना पर न हर्फ़[5] आए
बला से ठेस लगे चन्द आबगीनों को

1.मस्तक 2.आकाश का मान 3.शीशा 4.भूमिहित धन 5.दोष

❀

निगाहो-दिल को ख़ुदा बचाए अजीब अफ़सूँ है तीरगी का
लहू चराग़ों में जल रहा है निशाँ नहीं फिर भी रौशनी का

न होगी मंज़िल से आशनाई मिलेगा बस दर्दे-नारसाई
यही अदा है जो कजरवी[1] की यही है नश्शा जो गुमरही का

जुनून और आगही की दूरी न मिट सकी है न मिट सकेगी
जुनूँ का वो गामे-अव्वलीं[2] है जो गामे-आख़िर है आगही[3] का

शुऊरो-आदाबे-मयकशी से जो नाबलद[4] हैं वो पी रहे हैं
तरस रहे हैं वो मैकदे में जिन्हें सलीक़ा है मैकशी का

शिकस्तापा[5] है हर इक मुसाफ़िर थकन ग़ज़ब की है जिस्मो-जाँ में
उठाए उठता नहीं किसी से जहाँ में अब बोझ ज़िन्दगी का

तमाम तर अहरमन[6] की बस्ती तमाम तर अहरमन परस्ती
बना के जिसको ख़ुदा था नाज़ाँ-निशां कहाँ है उस आदमी का

न दिलदही है न दिलबरी है न चारासाज़ी न ग़मगुसारी
किसे कहें हम 'हफ़ीज़' अपना फ़रेब क्या खायें दोस्ती का

1.वक्रता 2. प्रथम पद 3.चेतना, समझ-बूझ 4.अनभिज्ञ 5.खण्डित पद 6.बुराई का ख़ुदा

❀

फ़स्ले-गुल आयी है फिर जश्न के सामाँ होंगे
कुछ लहू रोएँगे कुछ लोग ग़ज़ल-ख़्वाँ होंगे

अहले-साहिल से कहो ख़ैर मनाएँ अपनी
हम तो आग़ोशे-तलातुम में भी ख़ंदा होंगे

सच बता तुझको तिरे वादा-ओ-पैमाँ की क़सम
कभी ईफ़ा भी तिरे वादा-ओ-पैमाँ होंगे

तुम परेशान न हो बाँध लो गेसू अपने
हम परेशाँ थे परेशाँ हैं, परेशाँ होंगे

नये रस्ते नयी मंज़िल से गुज़रना होगा
मरहले ज़ीस्त के मर कर भी कब आसाँ होंगे

उतना ही आप के दामन का त'आक़ुब[1] होगा
आप दीवानों से जिस दर्जा गुरेज़ां[2] होंगे

हमने जिस ख़ाक से ये नश्वो-नुमाँ[3] पाई है
ख़ाक होकर फिर उसी ख़ाक में पिन्हाँ होंगे

1.पीछा करना 2.विमुख 3.उन्नति

❁

सज्दे गुज़ार लेंगे सनम के बग़ैर भी
हो जाएगी नमाज़ हरम के बग़ैर भी

तस्वीरे-काएनात है रिन्दों की आँख में
दुनिया हसीं है साग़रे-जम के बग़ैर भी

ये मो'जज़ा[1] भी देख ले ऐ दुश्मने-वफ़ा
हम जी रहे हैं तेरे करम के बग़ैर भी

दुनिया सुना रही है हमारी हकायतें[2]
हम मुस्तनद[3] हैं लौहो-क़लम[4] के बग़ैर भी

ग़म की घटा बरस्ती है दिल की फ़सील पर
रोते हैं लोग दीदा-ए-नम के बग़ैर भी

ऐसी थकन थी सो गए सब कश्तगाने-गम[5]
नींद आ गई हदीसे-सनम[6] के बग़ैर भी

अपनाएँगे उन्हीं को हम अहले-नज़र 'हफ़ीज़'
राहें बहुत हैं नक़्शे-क़दम के बग़ैर भी

1.चमत्कार 2.कथा 3.प्रमाणित 4.काग़ज़-क़लम 5.प्रेमी 6.प्रतिमा के कथन

❀

कहाँ सर छुपाए कोई यहाँ दरे-मयकदा भी बचा नहीं
हुई पत्थरों की वो बारिशें कोई आइना भी बचा नहीं

वो मुझे डूबो तो गया मगर ये मआमला भी अजब हुआ
मिरे बाद ऐसी हवा चली मिरा नाख़ुदा[1] भी बचा नही

न शऊरे-बादाकशी कहीं न ख़ुलूसे-बन्दगी अब कहीं
कोई बादाकश भी नहीं रहा कोई पारसा भी बचा नहीं

न सितमगरों के दयार में न रवाँ दवाँ रहे-यार में
वही दिल जो था बड़े काम का किसी काम का भी बचा नहीं

इसी ख़ाक से है जनम लिया यहीं ख़ाक होंगे 'हफ़ीज़' हम
कि इलावा इसके निजात का कोई रास्ता भी बचा नहीं

1.कर्णधार

❀

कुछ जुनूँ की दास्ताँ कुछ आगही की बात है
क्या कहें लम्हों में हम जो इक सदी की बात है

चश्मे-साक़ी का न सहबा का न पैमाने का ज़िक्र
मयकदा-दर-मयकदा अब तिश्नगी की बात है

अनगिनत अफ़राद पर याँ हुक्मराँ है चन्द लोग
नाम है जमहूरियत का ख़्वाजगी की बात है

सुन रही है इसलिए दुनिया निहायत शौक़ से
मेरे ग़म की बात हर इक आदमी की बात है

है फ़क़ीरों की सफ़ों में ज़िल्ले-सुब्हानी भी आज
दर्से-इबरत का, ज़वाले-ख़ुसरवी की बात है

कोई मजबूरी है उसकी या नया दामे-फ़रेब
दुश्मने-जानी के लब पर दोस्ती की बात है

❀

उनके अल्ताफ़ो-करम चैन तो क्या देते हैं
हाँ ये है सोज़िशे-ग़म और बढ़ा देते हैं

तुम जिसे ख़्वाब समझते हो इसी ख़्वाब से हम
कितनी सोई हुई रूहों को जगा देते हैं

हश्र भी आए तो उसके लिए उठना दुश्वार
वो जिसे अपनी निगाहों से गिरा देते हैं

हद से बढ़ते हुए ये ज़ुल्मते-ग़म के अय्याम
इक नये दौर की आमद का पता देते हैं

उफ़ वो मस्ती जो अदाओं से बरस पड़ती है
हाए वो मय जो निगाहों से पिला देते हैं

इनकी बेमहरी का शुहरा है ज़माने में 'हफ़ीज़'
देखिए क्या मिरी उल्फ़त का सिला देते हैं

❀

ये हादसा भी शहरे-निगाराँ[1] में हो गया
बेचेहरगी की भीड़ में हर चेहरा खो गया

जिसको सज़ा मिली थी कि जागे तमाम उम्र
सुनता हूँ आज मौत की बाँहों में सो गया

हरकत किसी में है न हरारत किसी में है
क्या शहर था जो बर्फ़ की चट्टान हो गया

मैं उसको नफ़रतों के सिवा कुछ न दे सका
वो चाहतों का बीज मिरे दिल में बो गया

मरहम तो रख सका न कोई मेरे ज़ख़्म पर
जो आया एक निश्तरे-ताज़ा चुभो गया

या कीजिए क़बूल कि हर चेहरा ज़र्द है
या कहिए हर निगाह को यरक़ान हो गया

मैंने तो अपने ग़म की कहानी सुनाई थी
क्यों अपने अपने ग़म में हर इक शख़्स खो गया

उस दुश्मने-वफ़ा को दुआ दे रहा हूँ मैं
मेरा न हो सका वो किसी का तो हो गया

इक माहवश ने चूम ली पेशानी-ए-'हफ़ीज़'
दिलचस्प हादसा था जो कल रात हो गया

1.चित्रशाला

दिल परेशाँ, नज़र है आवारा
किसलिए हर बशर है आवारा

फूँक कर अपना घर मुहब्बत में
ज़िंदगी दरबदर है आवारा

किस की ज़ुल्फ़ों को छू के आई है
क्यों नसीमे-सहर है आवारा

कुछ तुम्हारा शबाब है चंचल
कुछ हमारी नज़र है आवारा

उड़ रहा है फ़ज़ा में इक जुगनू
एक रंगीं शरर है आवारा

चल रही है वो तुंदो-तेज़ हवा
ज़ुल्फ़े-फ़िक्रो-नज़र है आवारा

ज़िंदगी बर्गे-ख़ुश्क[1] की सूरत
शाख़ से टूट कर है आवारा

1.सूखा पत्ता

चाँदनी है ज़मीन पर रक़्साँ
आस्माँ पर क़मर है आवारा

ज़ेहनो-दिल, आरज़ू, ख़यालो-ख़्वाब
इन दिनों घर का घर है आवारा

क्या इसे रास्ते पे लाए कोई
फ़ितरतन हर बशर है आवारा

कल चहकते थे अंदलीब[2] जहाँ
अब वहाँ मुश्ते-पर है आवारा

कारवाँ से बिछड़ के इक राही
मिस्ले-गर्दे-सफ़र है आवारा

है तिरे इंतिज़ार में मंज़िल
तू सरे-रहगुज़र है आवारा

क्या दिखाएगा राहे-रास्त 'हफ़ीज़'
ख़ुद अगर राहबर है आवारा

2.बुलबुल

❀

ज़ुल्फ़े-दौराँ में न बल हो ये कहाँ मुमकिन है
मसअला वक़्त का हल हो ये कहाँ मुमकिन है

साक़िया साग़रे-मय भी है बहुत ख़ूब मगर
तेरी आँखों का बदल हो ये कहाँ मुमकिन है

हुस्न की हौसला अफ़ज़ाई न जब तक हो शरीक
इश्क़ से कोई पहल हो ये कहाँ मुमकिन है

वो जो हर रोज़ बदलते हैं अदाएँ अपनी
उनका वादा और अटल हो ये कहाँ मुमकिन है

जिसकी फ़ितरत ही में तल्ख़ी हो वो क्या देगा मिठास
नीम में आम का फल हो ये कहाँ मुमकिन है

यूँ तो कह लेते हैं कहने को ग़ज़ल हम भी 'हफ़ीज़'
मीर सी कोई ग़ज़ल हो ये कहाँ मुमकिन है

❀

गुलशन में अगर प्यार का मौसम न मिलेगा
दुनिया को किसी ज़ख़्म का मरहम न मिलेगा

सरशार[1] है जो साग़रे-सहबा-ए-ख़ुदी[2] से
वो सर दरे-दौलत पे कभी ख़म न मिलेगा

इक रस्मे-मुलाक़ात की तक्मील तो होगी
मिलने की तरह अब कोई हमदम न मिलेगा

दीवानों की रातें बड़ी मुश्किल से कटेंगी
शानों पे जो वो गेसू-ए-बरहम न मिलेगा

हर ग़म का मदावा है 'हफ़ीज़' एक ग़मे-इश्क़
ये ग़म जो मिलेगा तो कोई ग़म न मिलेगा

1.उन्मत्त 2.अहंकार का मदिरा पात्र

दास्ताँ दर्द की दुहराए है कर्बल की तरह
अब तो हर शहर नज़र आए है मक़तल की तरह

हम सियाही पे भी मरते हैं मगर शर्त ये है
नज़र आए वो तिरी आँख के काजल की तरह

देखना वो कोई शाइर कोई आशिक़ तो नहीं
शहर में घूम रहा है कोई पागल की तरह

कैफ़ सामाँ भी बहुत और परेशाँ भी बहुत
ज़िंदगी भी है तिरी ज़ुल्फ़े-मुसलसल की तरह

जुगनू बन कर तिरी यादों के उजाले चमके
जब अँधेरे नज़र आए घने जंगल की तरह

इस क़दर शोर है तामीरो-तरक्क़ी का मगर
आदमी कुश्त-ए-ग़म आज भी है कल की तरह

वक़्त की धूप उड़ा ले गयी सब रंग 'हफ़ीज़'
वर्ना हम भी थे किसी शोख़ के आंचल की तरह

❁

हुस्न रुस्वा सरे-बाज़ार न होने पाए
कोई यूसुफ़ का ख़रीदार न होने पाए

मयकदे में हरमो-दैर की बातें न करो
मयकदा अर्स-ए-पैकार न होने पाए

क़ाफ़िले वालो तुम्हें जागते रहना होगा
राहज़न क़ाफ़िला सालार[1] न होने पाए

छोड़ दें चारागरी चारागरों से कह दो
ज़िंदगी और भी बीमार न होने पाए

ज़िंदगी हमसे हर इक साँस का माँगेगी हिसाब
इक नफ़स भी यहाँ बेकार न होने पाए

शम'अ इस तरह जले यूँ हो चराग़ाँ कि हफ़ीज़
आशियाँ कोई शररबार[2] न होने पाए

1.यात्री दल का प्रधान 2.चिंगारी बरसाने वाला

❀

जो पर्दों में ख़ुद को छुपाए हुए हैं
क़यामत वही तो उठाए हुए हैं

तिरी अंजुमन में जो आए हुए हैं
ग़मे-दोजहाँ को भुलाए हुए हैं

रवाँ हैं ख़ुदा जाने किस रहगुज़र पर
सलीबें सब अपनी उठाए हुए हैं

पहाड़ों से भी जो उठाए न उठ्ठा
वो बारे-वफ़ा[1] हम उठाए हुए हैं

चराग़ों में ये नूर यूँही नहीं है
चराग़ों में हम दिल जलाए हुए हैं

कोई शाम के वक़्त आएगा लेकिन
सहर से हम आँखें बिछाए हुए हैं

कोई चीज़ आँखों को जँचती नहीं है
किसे हम दिलों में बसाए हुए हैं

किसी घर से कोई न आएगा बाहर
लुटेरे मिरे घर में आए हुए हैं

जहाँ बिजलियाँ ख़ुद अमाँ ढूँढ़ती हैं
वहाँ हम नशेमन बनाए हुए हैं

किसी जाम में कुछ भी बाक़ी नहीं अब
मगर हम लबों से लगाए हुए हैं

ग़ज़ल आबरू है तू उर्दू ज़बाँ की
तिरी आबरू हम बचाए हुए हैं

ये अशआर यूँही नहीं दर्द आगीं[2]
'हफ़ीज़' आप भी चोट खाए हुए हैं

1.निर्वाह भार 2.दर्द से भरा हुआ

किताब मिलने का पता

1. डॉ.अख्तर मसूद,
डी- 43/116, बाज़ार सदानंद,
मदनपुरा, वाराणसी 221001 यू.पी.
मोबाइल 9235890173

2. डॉ.अब्दुल क़ादिर
बी- 28/5 ए, सनशाइन अपार्टमेंट,
ठोकर नं. 7, शाहीन बाग़, जामिया नगर,
नई दिल्ली- 110025
मोबाइल 9891025825